Personalabbau 5 vor 12

job cuts - booting out

Carsten Oppelt
Existenz- und Krisenmanagement

Kreativität oder Kapitulation?

Sie entscheiden in der fallabhängigen Anwendbarkeit der Inhalte zwischen moralischen Grenzen und der notwendigen Sanierungseffizienz.

Mit entsprechender Vorbereitung können Sie jeden Mitarbeiter plus Betriebsrat kündigen.

Nur wer gegen den Strich bürstet, findet die Flöhe

Turnaround mal ganz anders und vor allem effizient! Ich gebe Ihnen einen ersten Einblick in die Welt pragmatischer Anwendungsimpulse, die auf Ihr Unternehmen so oder in ähnlicher Form übertragbar sind.

Ein durchaus kreatives Handeln spart Zeit, Geld und Energie. Eine sukzessive Veränderung von Mitarbeitergewohnheiten führt zu einer schnell einsetzenden Ergebnisverbesserung.

Der Markt reguliert den Wettbewerb. Bestimmen Sie selbst Ihren Unternehmenserfolg und sichern Sie Ihre eigene Position.

Marktentwicklungen im Auge behalten

Wir befinden uns derzeit nicht nur am Anfang einer handfesten Wirtschaftskrise in Deutschland und Europa. Wir werden in Europa einen heute noch völlig unvorstellbaren Zermürbungsprozess zwischen den Wirtschaftsmächten erleben. Der Markt befindet sich zu dem in einem tiefen Disruptionsprozess und startet einen stürmischen Wandel. Die Old-Economy ist passé, da Digitalisierung als auch Künstliche Intelligenz massiv an Fahrt aufnehmen und alles, was digitalisiert werden kann, auch digitalisiert wird. Wer sich nicht digital neu erfindet und weiter zögert, ist tot! Wir werden durch diesen unaufhaltsamen Trend in den nächsten Jahren einen Tsunamie an Entlassungen zu spüren bekommen. Leider wird die Politik in der anstehenden Krise keine Schwungkraft mehr generieren können, da sie bereits all ihr Pulver verschossen hat. Die chinesischen und arabischen Märkte sind mehr denn je hungrig und hoch motiviert. Es entstehen Future-Citys, neue Ideen und immenser Wachstum bei extrem günstigen und arbeitgeberfreundlichen Standort- und Arbeitsbedingungen (minimale Steuern, minimale Arbeitnehmerrechte, minimale Energiekosten). Unsere nicht gemachten Hausaufgaben in

Bildung, Steuerpolitik, Standortsicherung und einer asozialen Sozialpolitik holen uns ein. Märkte im Automobilsektor lassen sich nicht mehr mit deutschen Autos fluten, um die hiesigen ausgeuferten Personalkosten und Arbeitnehmeranimositäten abfedern zu können. Wir fangen an, die Chinesen zu kopieren und bleiben auf unseren Fahrzeugen sitzen.

Zum Verhängnis wird uns vor allem unsere gesellschaftliche Veränderung der heutigen Arbeitnehmer-Generation. Work-Life-Balance, Minderengagement, rund 19 Fehltagen pro Jahr und der steigenden Unproduktivität lassen unser Land zusehends abstürzen.

Unternehmer werden gezwungen zu handeln. Viele ziehen trotz Wegzugssteuer ins Ausland, Privatpersonen beschaffen sich vorsorglich eine zweite Staatsbürgerschaft, um die deutsche möglicherweise abgeben zu können, wenn in Deutschland - so wie bereits in den USA und Frankreich - nach der Staatsbürgerschaft und nicht nach Wohnsitzland versteuert werden muss. Vorausschauende handeln jetzt! Noch nie ist in der deutschen Geschichte so viel Kapital (über 130 Mrd. EURO) ins Ausland verbracht worden, wie im Jahr 2024.

Es wird überlegt, ob Privatpersonen in Deutschland ab einem Vermögen von 500.000 EURO (Kapital, Immobilie etc.) künftig - wie Kapitalgesellschaften und Unternehmen - ebenfalls einer Wegzugsbesteuerung unterliegen. Am Ende steht der maßlose Zugriff des Staates auf all die Menschen, die in ihrem Leben hart gearbeitet haben und ihr Geld nun nach unten bis zu den Sozialschmarotzern umverteilt werden muss, um einen gewissen sozialen Frieden zu wahren.

Sanierungsmaßnahmen umsetzen.

Bilanzen umgehend verbessern.

Analysen - Optionen - Handlungen - Konsequenzen

Sanierung - Rettung - Zukunftsperspektive

Schaffen Sie schnellstmöglich eine loyale Stammbelegschaft, um nachhaltige Unternehmenserfolge zu sichern.

Klare Fakten bestimmen Ihre Sanierungsmethoden

Das Buch widmet sich dem brandaktuellen Thema "Sondersituationen und Sanierungen", es hilft Unternehmen, die primär über geringe Budgets verfügen und denen schnelle Sanierungserfolge von höchster Wichtigkeit sind.

Im Sanierungsprozess müssen sämtliche Kostenstellen sowie jeder Einzelne in der Belegschaft schonungslos analysiert werden. So lassen sich Schieflagen von Unternehmen und daraus abzuleitende Handlungsoptionen deutlich erkennen. Über 80 % der begutachteten Firmen können durch Sanierungsmaßnahmen gerettet werden.

Die Situation von kleinen und mittelständischen Unternehmen

Der Mittelstand ist wirtschaftlich meistens nicht in der Lage, die großen etablierten Wirtschaftsprüfungsgesellschaften zur Schaffung und Umsetzung von Sanierungsmaßnahmen zu beauftragen. Zudem hapert es oftmals an einer kostspieligen Umsetzung in die Praxis.

Theoretisch strukturierte Konzepte in Form von Studien und unzähligen Powerpoint-Folien, sind noch lange kein Garant für eine akzeptierte Tragfähigkeit in der Belegschaft. Theorie trifft Praxis.

Der Insolvenzfall Wirecard zeigt, dass auch große schillernde Namen von Wirtschaftsprüfungsgesellschaften nicht immer von Erfolg und Qualität im Detail überzeugen.

Schnelligkeit und Effektivität sind vor allem im Mittelstand gefragt. Oftmals geht es um Existenzen von persönlich haftenden Inhabern oder Gesellschaftern, bei denen alles - und zwar nicht weniger als ihr gesamtes Lebenswerk - auf dem Spiel steht.

Vor allem sind Traditionsbetriebe betroffen, die gerade jetzt durch Corona und politische Verwerfungen völlig überrascht in Schieflage geraten und ihr Geschäftsmodell zügigst anpassen müssen, um wirtschaftlich nicht zu kollabieren.

Gestern war ihr Unternehmen noch eine Art Burgfestung in der Region. Fest verankert und verwurzelt. Heute kommen sich die Unternehmenslenker wie Kapitäne von kleinen unmanövrierbaren Fischkuttern vor, deren Geschäftsbereiche durch das aufbrausende Meer unkontrolliert und perspektivlos in eine nicht absehbare Richtung treiben. Immer wieder ändert sich der Kurs, der von außen - vor allem politisch - gesteuert wird.

Zerschellt das Unternehmen an den bereits sichtbaren Klippen oder ist ein doch irgendwie halbwegs sicheres Einlaufen in den nächsten Hafen möglich? Alles ist ungewiss.

Große Tanker werden die schwere See mit hochkarätigen Experten und einer politisch mächtigen unterstützenden Lobby überstehen. Sie werden nach der Krise noch prächtiger dar stehen als je zuvor. Derzeit lassen sich fast alle kostensenkenden Maßnahmen im Unternehmen umsetzen, die in den letzen Jahren noch völlig undenkbar gewesen wären.

Not macht eben erfinderisch. Durch den so immer weiter abschmelzenden Wettbewerb (Geschäftsaufgaben und Insolvenzen) gewinnen die Überlebenden an Stärke.

Nutzen auch Sie die Zeit, um sich zu verändern! Passen Sie sich den verändernden Märkten und Herausforderungen an. Lassen Sie andere Menschen klagen. Jammern hilft keinem Unternehmen weiter.

Werden Sie zukunftsfähig und konsequent.

TOP 5 - Maßnahmen

1. Setzen Sie rechtzeitig das um, was Sie persönlich wollen und vermeiden Sie eine externe Sanierung/Abwicklung.

2. Treten Sie gegenüber Ihren Gläubigern selbstbewusst mit konkreten Lösungen und Strategien auf.

3. Kämpfen Sie für sich und Ihr Unternehmen, bevor andere für Ihre Gläubiger massiv gegen Sie kämpfen.

4. Bleiben Sie glaubwürdig und konsequent. Je bewusster Sie auftreten, je höher sind Ihre Erfolgschancen.

5. Vermeiden Sie als kleines oder mittleres Unternehmen langwierige Auseinandersetzungen über Anwälte. Sparen Sie diese Kosten und versuchen Sie das Geld für mögliche Abfindungen und friedliche Trennungen aufzuwenden. Am Ende entscheidet immer ein Arbeitsrichter. Im Zweifel das Landesarbeitsgericht nach erst ca. zwei Jahren. Bis dahin stehen Sie völlig im Risiko einer Wiedereinstellung mit Lohnfortzahlungsansprüchen.

Kreatives Handeln führt zur schnelleren Gewissheit.

Lassen Sie sich beim Lesen der einzelnen Kapitel ausreichend Zeit. Nehmen Sie die jeweiligen Kernaussagen zur Kenntnis und leiten Sie daraus Ihre vorläufige **Geheimstrategie** ab. Als Unternehmer müssen Sie im Vorfeld einer Umsetzungs- und Kommunikationsstrategie wissen, was Sie persönlich wollen. Dadurch erreichen Sie ungefärbte Erkenntnisse, bevor Ihre zweite Mitarbeiter-Ebene versucht, das Ruder gegen Ihre Interessen in die Hand zu nehmen und möglicherweise gegen Ihre Pläne gezielt zu intrigieren. Sie haben die Verantwortung!

Bleiben Sie fokussiert und behalten Sie Ihr übergeordnetes Ziel im Auge.

Inhalt

In Personalabbau 5 vor 12 wird Lenkern von kleinen und mittelständischen Unternehmen aufgezeigt, dass es verdammt wichtig ist, den Kopf in einer der schwersten Phasen des Lebens jederzeit über Wasser zu halten, um positiv in die Zukunft schauen zu können. Wichtig ist vor allem, sich primär selbst zu retten und erst anschließend das eigene Unternehmen, um am Ende nicht alles zu verlieren.

Die emotionalen und existenziellen Folgen der eigenen Mitarbeiter, die von Kündigungen betroffen sind, müssen schweren Herzens hinten angestellt werden. Ein inkonsequentes und zu spätes Handeln würde alle Beteiligten in den existenziellen Abgrund reißen.

Ihre Gläubiger werden keine Rücksicht nehmen.

Personalabbau 5 vor 12 zeigt betroffenen Unternehmern einen großen Blumenstrauß an konventionellen sowie unkonven-tionellen Optionen in Sondersituationen auf, wenn die Bank bereits schon heute droht, den Geldhahn innerhalb der nächsten Wochen endgültig zuzudrehen.

Die aufgezeigten Maßnahmen sind aber auch in Situationen denkbar, bei denen sich einige wenige Mitarbeiter unfair, hartnäckig und möglicherweise korrupt erweisen.

Das Buch behandelt daher Sondersituationen in Unternehmen, bei denen Budgets für umfangreiche Outplacement-Beratungen sowie kostspielige bzw. langatmige, aber professionelle Trennungsgespräche von außen wirtschaftlich nur noch bedingt möglich sind, jedoch die Reputation des Unternehmers und der verantwortlichen Person gewahrt bleiben soll.

Nutzen Sie im Zweifel externe Kündigungsexperten, die ohne Emotion, aber mit einem hohen Maß an Empathie sicher handeln.

Arbeitshilfe:

Definieren Sie Ihre Sanierungsziele:

Welche Unternehmensbereiche sind Wertvernichter?

Welche Unternehmensbereiche sind Wertverbesserer?

Bei welchen Mitarbeitern ist der Produktivitätserlös niedriger als die Gesamtkosten (Lohn + weitere Arbeitsplatzaufwendungen)?

Welche Mitarbeiter sind für Ihre Zukunft strategisch wichtig, welche nicht?

02 Strategischer Einsatz von Sanierern auf Zeit

Um entsprechend entschlossen handeln zu können, nutzen derartige Unternehmen externe Turnaround-Manager auf Zeit, die die zwingenden und notwendigen Maßnahmen von außen strategisch lenken als auch final umsetzen. Wird die Verantwortung in der Umsetzung auf Dritte verlagert, so können harte emotionale Änderungsstrategien gegenüber der Belegschaft nicht nur konfliktfreier gelöst, sondern vor allem im weiteren Ablauf wesentlich zielgerichteter mit Lieferanten und Gläubigern verhandelt werden.

Spezialisierte Turnaround-Manager entwickeln somit nicht nur die notwendigen Sanierungsmaßnahmen, sondern setzen diese auch schnell sichtbar um. Im Sanierungsprozess attestiert dieser Weg den Verantwortlichen gegenüber ihren Gläubigern ein konsequentes Handeln und erzeugt äußere perspektivische Zuversicht.

Derartige Experten erledigen für Unternehmen die teils extrem unbequemen Aufgaben, vor denen sich vor allem Führungskräfte mit ihren emotionalen Verflechtungen fürchten. Turnaround Manager kommen leise, erledigen ihren Job und verabschieden sich nach dessen erfolgreicher Umsetzung.

Carsten Oppelt setzt ebenfalls Personalveränderungsstrategien in Form von zu absolvierenden Kündigungsgesprächen effektiv für und in Unternehmen um und schließt die Lücke zwischen einem umzusetzenden Sanierungsplan und einer festgelegten Mitarbeiter-Neuausrichtung. Wer wird gebraucht, wer wird gehen müssen? Einer muss den notwendigen Job zum Wohl der restlichen Belegschaft und des Unternehmens ausführen müssen.

Achtung

Im erfolgreichen Sanierungsprozess zählt immer das große Ganze und niemals vereinzelte Partikularinteressen.

03   Banken werden auf Sie keine Rücksicht nehmen

Gute Turnaround Manager erkennen Sie an ihrer unverblümten Direktheit und rücksichtslosen Offenheit. Alles andere kostet nur wertvolle Zeit, die Sie nicht mehr haben.

Verabschieden Sie sich vom tödlichen Prinzip "Hoffnung"

Geldinstitute unterstützen grundsätzlich harte Sanierungsmaßnahmen, wenn dadurch eigene und größere Risiken von der Bank abgewendet werden können.

Die Folgen der Corona Pandemie bereitet vielen Experten weltumspannend große Sorgen. Dagegen wird die hinter uns liegende Finanzkrise in der Gesamtbetrachtung ein Sandkastenspiel gewesen sein.

Die von der deutschen Bundesregierung ausgesetzte Insolvenz-antragspflicht wird der Bankenlandschaft schwer zu schaffen machen. Ab 2021 droht den Instituten durch Unternehmenspleiten eine Art Tsunami an notleidenden Krediten und daraus einhergehenden erheblichen Kreditausfallrisiken.

Auch wenn sich einige Institute in den Erfolgen der Firmen-Kreditvergaben feiern, wird genau diesen Geldinstituten mit hoher Wahrscheinlichkeit in absehbarer Zeit der Bumerang der uns massiv ereilenden Kreditausfallrisiken auf den Boden der Tatsachen zurückbringen. So wie bereits heute das Zinsgeschäft, wird auch diese Ertragsquelle bei vielen Banken und Sparkassen ohne ausreichende Risikovorsorge mit hoher Wahrscheinlichkeit ausfallen. In Deutschland zählen neben den Sparkassen u. a. die Volksbanken sowie die Commerzbank zu den großen Mittelstandsfinanzierern.

Den Mittelstand wird es im Kern somit existenziell stark treffen. Konzerne haben durch den Einsatz von juristischen Experten erfahrungsgemäß einen leichteren Zugang zu öffentlichen Geldern und eine bessere Arbeitsplatzlobby als kleine oder mittelständische Betriebe. Zudem spielt die Risikovorsorge in Konzernen sowie die finanzielle Widerstandskraft eine maßgebliche Rolle.

Wenn 2022 das Jahr mit dem Startschuss für massive Firmenpleiten sein wird, so können wir davon ausgehen, dass Gläubiger in einer sich immer schneller drehenden Abwärtsspirale wenig Geduld mit ihren Kreditnehmern haben und diese künftig wesentlich resoluter Sicherheiten einfordern werden.

Nach dem Motto: "Rette sich wer kann."

Das Misstrauen der Kreditgeber wird gegenüber den bisherigen Geschäftsmodellen vieler Mittelständler zunehmend wachsen. Viele Geldhäuser werden keine Toleranzen gegenüber ihren Kreditkunden mehr zulassen. Schon deshalb nicht, um nicht selbst in eine provozierte Schieflage zu geraten.

Bereits heute sind viele Unternehmen bereits pleite. Müssen Insolvenzanträge wieder wie üblich gestellt werden, ereilt uns eine Insolvenzwelle, die zurzeit nur künstlich angehalten worden ist.

Eine Kettenreaktion von Insolvenzen ist nicht auszuschließen. Zudem werden Unternehmen, die für ihre Belegschaft derzeit noch Kurzarbeit angemeldet haben, ihre Mitarbeiter entlassen müssen.

Die Arbeitslosigkeit wird sprunghaft steigen und ehemals erwerbstätige Menschen kommen unter Druck, ihre Privatkredite ohne regelmäßiges Einkommen bedienen zu können. Aus den Kreditausfallrisiken von Firmenkunden kommen nun auf Banken und Sparkassen möglicherweise zusätzliche sowie erhebliche Ausfälle von

Privatkrediten und Privatinsolvenzen zu.

Nicht für umsonst wird derzeit in der Politik eine Verkürzung des Insolvenzverfahrens mit Restschuldbefreiung auf drei Jahre diskutiert. Schlecht für überlebende Betriebe, wenn es den Schuldnern noch einfacher gemacht wird, ihre Rechnungen nicht zu bezahlen und in wenigen Jahren das Konsumspiel erneut beginnen zu können. Ist künftig der ehrliche Zahler der Dumme?

Zu hoffen bleibt für alle Marktteilnehmer eine staatliche Unterstützungsstrategie, auch wenn nicht absehbar ist, wer am Ende die Rechnung der ausufernden Staatsgelder in der Rückführung präsentiert bekommt. Bleiben Förderungen in Form von Kurzarbeitergeld, Subventionen sowie einer Strategie eines ungeordneten Ausstiegs aus der Insolvenzantragspflicht aus, kann es sehr schnell sehr kritisch werden.

Zeigen Sie daher bereits heute Weitsicht und Kompetenz.

Mit diesem Wissen sollten Sie eine notwendige Sanierung nicht verschieben, sondern umgehend aktiv einleiten. Derzeit sind Geldgeber meist gesprächsbereit und stark lösungsorientiert.

Arbeitshilfe:

Die nächsten Schritte:

Meine heute sichtbaren Risiken bei derartigen Verwerfungen:

Bin ich im Forderungsmanagement gegenüber meinen Kunden richtig aufgestellt und abgesichert?

Kann ich meine Forderungen an Inkasso-Dienstleister abtreten?

Bin ich auf eine einzige Kreditbank angewiesen oder sind meine Kredite über mehrere Banken verteilt?

Verfüge ich über Firmenkonten bei mehreren Banken oder Sparkassen, um bei Liquiditätsengpässen Zahlungen auf kooperierende Institute umleiten zu können?

Alleine mit den Menschen, die das Unternehmen in Schieflage gebracht haben, werden Sie den Turnaround nicht schaffen. Sie brauchen Visionäre mit Weitblick.

04   Wodurch Schieflagen entstehen. Was ist zu tun?

Plötzliche unabsehbare Krisen, sich schnell verändernde Märkte und verpasste Innovations- und Veränderungsbereitschaften führen schnell in eine unaufhaltbare Abwärtsspirale.

Aufsichtsrat, Geschäftsführung und Belegschaft sehen das anstehende Fiasko vor allem bei kleinen oder mittelständischen Betrieben oftmals erst sehr, sehr spät - manchmal viel zu spät.

Viele Betroffene sind völlig überrascht. Dabei ist eine Schieflage in der Regel ein langwieriger Prozess und kein akut oder plötzlich eintreffendes Ereignis. Häufig war man von seinen Produkten und Führungskräften zu überzeugt. Vor allem dann, wenn die Führungsmannschaft mit den Jahren eine gewisse Betriebsblindheit und -routine erlangt hat. Nach dem Motto: "Altes bewahren anstatt Gewohntes völlig neu zu denken".

Auf einmal brechen alle schöngerechneten Business Cases weg. Neue Marktplayer und völlig neue und alternative Produkte werden von langjährig bestehenden Kunden gekauft. Auf einmal ist das komplette Kerngeschäft in Gefahr, weil der Wettbewerb wesentlich kundenorientiertere Lösungen geschaffen hat.

Innovation tötet Tradition. Vor allem in Märkten, in denen Kundenloyalität in den letzten Jahren immer stärker abgenommen hat und durch anfänglich gut gemeinte Kosteneinsparungen die persönlichen Kanäle und Netzwerke strategisch abgeschnitten worden sind.

Kundenbindung wird durch Menschen und nicht von Maschinen geschaffen. Im B2C-Massengeschäft mag dies ja nicht zwangsläufig richtig sein. Im B2B-Umfeld ist es das aber.

Bei anstehenden Sanierungsmaßnahmen sind Aufsichts- und Verwaltungsräte daher gut beraten, nicht auf die gleichen Führungskräfte im Turnaround zu setzen, die die Karre in den Sand gefahren haben und im Sanierungsprozess versucht sein könnten, ihre Fehler zu kaschieren oder zu vertuschen.

Dies gilt auch für Führungskräfte. Wer in der der Vergangenheit den Markt und die Prozessabläufe im eigenen Unternehmen völlig falsch eingeschätzt oder schlicht und einfach nicht stringent verfolgt hat, dem ist auch keine visionäre Ausrichtung des Unternehmens zuzumuten.

Aufsichtsgremien sollten der Belegschaft, die weiterhin in optimierten Workflows ihren Job behalten können, auf die Zukunft des Unternehmens und nicht die des Missmanagements setzen.

Ein zweiter Turnaround-Versuch ist für alle Beteiligten wesentlich schmerzhafter als der erste. Ein dritter kaum finanzierbar und bei zugleich abnehmender Glaubwürdigkeit der Gremien und des Managements gegenüber der Belegschaft sowie den Gläubigern auch meist nicht mehr umsetzbar.

Es sei denn, der Staat subventioniert über Steuergelder eine weitere Runde, um primär Arbeitsplätze in der Region zu erhalten. Oftmals wird in dieser Phase das Unternehmen im letzten Akt von externen Beratungsgesellschaften zerschlagen.

Arbeitshilfe:

Ist meine langjährige Geschäftsführung bzw. Führungskraft glaubhaft?

Passen Lagebericht und Geschäftsergebnis plausibel zusammen?

Habe ich erhaltene Berichte durch neutrale Experten abgesichert?

Kosten kurzfristige Einsparungen langfristige Kundenbindungen?

Entstehen nachhaltige Erträge durch höhere Umsätze und steigende Absatzzahlen?

Werden Buchwerte ohne Begründung erhöht?

Sind immaterielle Güter wirklich richtig bewertet (u. a. Software, Patente, etc.)?

Schonungslos passgenaue Lösungen konsequent umsetzen.

05   Externe Sanierer legen den Finger in die Wunde

Hat sich ein Unternehmen für eine Sanierung entschieden, so werden in der Regel zwei Lösungswege in Erwägung gezogen:

1. Kostenoptimierte und diskrete Lösung durch Inanspruchnahme eines Turnaround-Managers bei frühzeitigem Verdacht auf eine anstehende selbst verschuldete Schieflage. Hierbei werden oftmals Interimsmanager oder neue Mitarbeiter in das Unternehmen ohne Wissen der Geschäftsführung bzw. Führungskräfte eingeschleust, um unerklärliche Schieflagen und Vertrauensfragen ohne Vertuschung gegenüber den Gremien aufzudecken.

2. Inanspruchnahme einer meist weiteren Wirtschaftsprüfungsgesellschaft, um unklare Fragen klären zu können und möglicherweise die richtigen Umstrukturierungsprozesse anstoßen zu können.

Option 1 ist effektiv, allseitig diskret und erspart in der Regel teure Abfindungen an Vorstände, Geschäftsführer und Führungskräfte.

Bei Option 2 besteht die Gefahr der innerbetrieblichen Vertuschung und der zumeist äußerst kostenintensiven Beratungshonorare. Menschliches Fehlverhalten und Inkompetenz werden primär im praktischen Arbeitsalltag und nicht nur aus den Bilanzen der letzten Jahre erkannt.

Zur eigenen Absicherung sind die richtigen Vorlagen und Argumentationen an den Aufsichtsrat zu entwickeln.

06   Wie sage ich es meinem Aufsichtsrat?

Primär stellt sich die Frage, wie die Krise entstanden ist. Handelt es sich um gravierende Managementfehler, die über Jahre hinweg schleichend zum Misserfolg geführt haben oder geht es um ein plötzlich eintretendes und nicht absehbares Ereignis?

Bevor Sie an den Aufsichtsrat herantreten, ist eine fundierte und nachvollziehbare Analyse gefragt. Jede Aussage muss stimmen! Ansonsten verspielen Sie Ihr Vertrauen und Ihre Führungskompetenz.

Nehmen Sie sich ein paar Tage mit Ihren Führungskräften Zeit und prüfen Sie die großen Headlines, die aus der Gesamtsicht des Managements zu der aktuellen Situation geführt haben.

Erstellen Sie eine Kurzfriststrategie, wie Sie im Rahmen Ihres vom Aufsichtsrat erteilten Mandates schnell sichtbare Ergebnisverbesserungen erreichen können. Durch sofortige Verhandlungen mit Lieferanten und Dienstleistern handeln Sie proaktiv, sodass sich anstehende Quartalsergebnisse durch Sondereffekte und das Jahresergebnis durch bereits eingeleitete Kosteneinsparungsmaßnahmen zumindest besser darstellen lassen.

Schauen Sie sich Ihre Risikoberichte sowie die Lagepläne aus dem aktuellen sowie der letzten Jahre an. Passen diese zur aktuellen Geschäftsentwicklung? Wenn Nein, erläutern sie das Zustandekommen der Abweichungen.

Versuchen Sie genehmigte Budgets sowie Kapazitäten umzuwidmen, sodass möglichst ohne weitere Ergebnisverschlechterungen ein erster - wenn auch kleiner - Turnaround in der pragmatischen Anpassung von schlecht laufenden Workflows, Prozessen, Produkten und Dienstleistungen zügig geschaffen werden.

Sollten Sie offensichtliche Fehlinvestitionen eingegangen sein, so haben Sie die Courage dieses dem Aufsichtsrat im Detail aufzuzeigen. Möglichst ergänzt mit einer Strategie den Schaden noch begrenzen zu können. Lassen Sie sich durch juristischen Rat unterstützen. Zeigen Sie ebenfalls vertrauensvoll auf, wie ein möglicher Sanierungsplan aussehen und mit welchem Ziel umgesetzt werden kann. Sie müssen eine feste Entschlossenheit zeigen und Hoffnung ausstrahlen. Präsentieren Sie mit Schlagworten einen Zeitstrahl über Ihre Strategie und kommen Sie mit dem Aufsichtsrat in eine konstruktive Diskussion mit einem für Sie wichtigen Handlungsergebnis und möglichen Budgetfreigaben.

Möchte Ihnen das Gremium inhaltlich nicht folgen, so sollten Sie von einer möglichen Freisetzung nicht überrascht sein. Überlegen Sie vorab genau, ob Sie einen freiwilligen Ausstieg vielleicht sogar aktiv anbieten möchten. Der Aufsichtsrat handelt zu seiner eigenen Absicherung - auch aus dem Bauch heraus - und möchte bei Umstrukturierungsprozessen das Schiff und die Mannschaft oftmals mit einem neuen Kapitän führen. Vertuschung von Tatsachen wäre das passende Schlagwort. Sollten Sie an Bord bleiben, so wird mit hoher Wahrscheinlichkeit eine externe Prüfungsgesellschaft das Unternehmen genau unter die Lupe nehmen.

Sollte die aus heutiger Sicht getätigte Fehlinvestition mit dem Aufsichtsrat abgestimmt gewesen sein und Sie haben nach dessen offiziellen Beschlüssen gehandelt, so werden Sie sicherlich erst einmal bleiben können. Denn zu dem damaligen Zeitpunkt war die Entscheidung plausibel und allseitig als richtig erachtet worden. Diese Argumentation sollten Sie im Blick behalten.

Bei einem möglichen Ausscheiden sollten Sie für sich persönlich Folgendes geklärt haben:

1. Zu welchem Zeitpunkt soll der Aufhebungsvertrag geschlossen werden?

2. Wer informiert mit welchen Inhalten und Argumentationen zu welchem Zeitpunkt die Öffentlichkeit, Kunden und Mitarbeiter?

3. Welches ist der Ausscheidungsgrund? Gehen Sie in absehbarer Zeit in den Ruhestand, so würde eine Argumentation passen, dass Sie "gesundheitsbedingt" ausscheiden. Der Aufsichtsrat dankt Ihnen in der Außenwirkung für Ihre Dienste und beide Seiten können sauber abschließen. Diese Argumentation hilft Ihnen auch bei einer möglichen Beantragung von Arbeitslosengeld.

4. Sollten Sie sich im Markt neu orientieren wollen, so kann vereinbart werden, dass Sie Ihr Arbeitszeugnis vorschreiben und dieses nach Überprüfung der inhaltlichen Richtigkeit vom Aufsichtsratsvorsitzenden unterzeichnet wird.

5. Abschließend ist die Frage der Bezahlung zu klären. Bis wann werden Sie freigestellt und in welcher Höhe werden Sie weiter vergütet? Erfolgt der Ausstieg leise, so kann mit einer Abfindung gerechnet werden.

Handeln Sie nach Ihren eigenen Vorstellungen. Wenn zu viel Staub in einem Sanierungsprozess zu Ihren Lasten aufgewirbelt werden kann, ist es auf jeden Fall besser, aus eigenem Antrieb zu gehen.

Es sei denn, die können den Sanierungsprozess selber initiieren, steuern und als Kopf der Gesellschaft begleiten. Dazu benötigen Sie auf jeden

Fall einen sehr vertrauensvollen und kreativen Turnaround-Manager, der nicht mit langatmigen bunten Powerpointfolien, sondern durch hochgekrempelte Ärmel und Taten mit schnellen Ergebnissen überzeugt.

Die eigene Strategie in Stichpunkten:

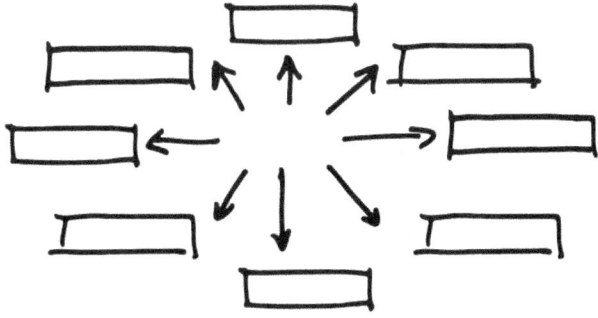

Unangenehme Aufgaben an Sanierungsexperten delegieren.

07 Welcher Aufgaben sich Chefs entledigen?

Turnaround Manager erledigen für Sie alles, was im Sanierungsprozess notwendig wird. Ein Aktivitätenauszug:

1. Erstellen einer Unternehmens- und Zukunftsstrategie

2. Umsetzung von unangenehmen Sanierungsplänen mit starken Strukturveränderungen

3. Verhandlungen mit Gläubigern und Lieferanten

4. Vermeidung von teuren Kündigungsschutzklagen

5. Verhandlungen mit dem Betriebsrat/Gewerkschaft

6. Übergabe von Kündigungen an die Belegschaft

7. Führen von Aufhebungs- und Kündigungsgesprächen

8. Kompetenzüberprüfung von Geschäftsführung bzw.

   Führungskräften

9. Überprüfung von Unregelmäßigkeiten durch kostspieliges Fehlverhalten von Mitarbeitern

10. Fristlose Kündigung von unfairen und uneinsichtigen Kollegen

In Beratungsgesprächen werden diese und weitere Optionen besprochen und die richtigen Maßnahmen eingeleitet, um die neu gesteckten Unternehmensziele zu erreichen.

Turnaround Manager federn in der Ausübung von Kündigungsgesprächen vor allem emotionale Wutausbrüche, Beleidigungen, Bedrohungen, Schuldzuweisungen und inkonsequentes Handeln der Führungskraft ab. Kaum eine Führungskraft möchte im Unternehmen der Überbringer von schlechten Nachrichten sein.

Vor allem nicht bei Massenentlassungen. Aber auch die Kündigung von alleinerziehenden Müttern oder dem langjährig Beschäftigten, der als

Familienvater seinen Hauskredit abzahlt, im Sinne des Firmenerhalts gekündigt werden muss und im Zweifel sein Haus verlieren wird, bringen viele Unternehmenslenker nicht übers Herz.

Aber hier sind nicht die Ausführenden, sondern das Missmanagement schuld an der Misere.

Ohne Umsetzungsstrategie wird die gesamte Belegschaft für Wochen gelähmt. Daher ist ein absolut faires und konsequentes Handeln ohne Ausflüchte gefragt.

Keinesfalls dürfen bei Kündigungsgesprächen Hoffnungen für eine Weiterbeschäftigung in den Raum gestellt werden. Kündigungen haben klar und deutlich und ohne Missverständnis zu erfolgen.

Nur dadurch kann sich der Gekündigte seiner neuen Situation annehmen und sich so schnell wie möglich beruflich umorientieren.

Gehen Sie davon aus, dass sich die meisten Betroffenen erst einmal in einer Art Schockstarre befinden und dessen Reaktionen im Vorfeld keinesfalls absehbar sind. Jeder einzelne Mitarbeiter reagiert anders.

Bleiben Sie gegenüber allen Beteiligten glaubhaft und stellen Sie den Sanierungsplan niemals infrage. Sie kommen ansonsten aus der daraus resultierenden Diskussionsschleife von Einzelschicksalen nicht mehr heraus und gefährden das übergeordnete Ziel der Unternehmensrettung. Das Gesamtinteresse geht immer vor Einzelinteressen.

Personalreduzierungen werden im Sanierungsplan klar und eindeutig festgelegt. Dieser dient u. a. der Nachvollziehbarkeit gegenüber Gläubigern.

Es gibt kein Zurück zur alten Struktur. Der Zeitdruck für eine Umsetzung ist dafür umso höher.

Ein guter Sanierer verfügt sowohl über betriebswirtschaftliche als auch emotionale Kompetenzen. Dies ist auch nicht zu unterschätzen, da Sie davon ausgehen können, dass sowohl die regionalen Medien (Zeitung und Rundfunk) als auch die Öffentlichkeit (Facebook, Instagram, etc.)

bei mittelständischen Unternehmen in der Region schnell mit der Belegschaft sympathisieren und den Firmenlenkern ohne Sanierungsspezialisten von außen die Umsetzung des Sanierungsplans extrem schwer machen können.

Nehmen Sie also rechtzeitig Kontakt mit der Presse und den regionalen Politikern auf, um das möglichst belastbare Sanierungskonzept im Vorfeld zu erläutern und Miss-verständnissen vorzubeugen.

Haben Sie dabei Fingerspitzengefühl und bereiten Sie sich intensiv auf die anstehenden Gespräche vor. Stellen Sie der Presse einen Interviewleitfaden mit vorformulierten Fragen und Antworten zur Verfügung, um Interpretationen zu vermeiden.

Formulieren Sie sämtliche Inhalte mit Nachdruck rücksichtsvoll positiv, um jederzeit das Gute im Schlechten von außen zu erkennen.

Beispiel:

"Wir werden - um nicht komplett schließen zu müssen -25 % der Belegschaft zum 31.12. kündigen, um dadurch 150 Arbeitsplätze in der Region sichern zu können. Dieser Schritt ist uns nicht leicht gefallen. Jedoch setzen wir in unserer Neuausrichtung auf zukunftsweisende Technologien und werden zur gegebenen Zeit für diese Bereiche neue Arbeitsplätze schaffen. Eine offene Kommunikation mit unserer Belegschaft, die Einbindung unserer Regional-Politiker sowie die Berichterstattung und Aufklärung über die Presse liegen uns sehr am Herzen, um in dieser schweren Stunde, nach erfolgreicher Umsetzung unserer Zukunftskonzepte, wieder positiv in die kommenden Jahre unseres Traditionsunternehmens blicken zu können."

Arbeitshilfe:

Welche Aufgaben möchte ich auslagern?

Wofür benötige ich einen Sanierer auf Zeit?

Sollen Kündigungsgespräche durch externe Turnaround-Manager vollständig erfolgen?

Möchte ich einen Turnaround-Manager befristet einstellen?

Welches sind meine größten Sorgen im Entlassungsprozess?

Betriebsräten den freien Fall der Firma bildlich darstellen
und von nachhaltigen Lösungsstrategien überzeugen.

08   Unkooperativen Betriebsräten begegnen

In manchen Betrieben ist eine Kooperation mit dem Betriebsrat schwer umsetzbar. Umstrukturierungen werden völlig in Abrede gestellt. Ein Festhalten an den bisherigen Strukturen steht im Vordergrund.

Teilweise sind Verhaltensweisen von Betriebsräten von extremer Unsicherheit geprägt. Erfahrungsgemäß ist in vielen Unternehmen davon auszugehen, dass sich nicht immer die kompetentesten Mitarbeiter im Betriebsrat wiederfinden, sondern halt diejenigen, die gemäß Liste von der Belegschaft gewählt worden sind.

Zusätzlich kommen dem Management die "BR-Flüsterer" zugute. Einige Mitarbeiter sind aus starkem Eigeninteresse zur Absicherung ihrer eigenen Position derart arbeitgeberfreundlich gesinnt, dass sie durch Bekanntgabe von Informationen aus internen Betriebsratssitzungen äußerst interessante Details ausplaudern.

Und nicht zu vergessen, dass einige BR-Mitglieder sehr genau wissen, dass ihr Kündigungsschutz nach dem Ausscheiden aus dem Betriebsrat eines Tages endet und sie daher keinen unheilbaren Dauerkonflikt mit ihrem direkten Vorgesetzten oder gar der Geschäftsführung eingehen wollen. Oftmals besteht beim Mitarbeiter die Befürchtung einer gläsernen Decke, die die Karriere abrupt durch nicht nachweisbare Gründe zum Erliegen bringt.

Trotzdem - unkooperative Betriebsräte können in einem Sanierungsprozess zu einem großen Problem werden. Auch wenn einzelne Betriebsräte es nicht so sehen, aber Blockadehaltungen in einer kritischen Phase mit Gläubigern, Lieferanten und Kunden können das Überleben eines Unternehmens gefährden.

Deshalb sollte der Betriebsrat möglichst immer mit eingebunden werden. Erst wenn eine Kooperation nicht von Erfolg gekrönt sein sollte, sind andere Wege zu prüfen.

Sollte eine enge Bindung zwischen der Gewerkschaft und dem

Betriebsrat bestehen, so fordern Unternehmen den Betriebsrat auf, sich von der Gewerkschaft zu distanzieren. Folgt der Betriebsrat diesem Unternehmenswunsch nicht, so stellt die Unternehmensführung die Kooperation mit dem Betriebsrat ein und beruft eigenständige Mitarbeiterversammlungen - ohne den Betriebsrat vorab in Kenntnis zu setzten - ein. So verliert der Betriebsrat nach und nach massiv an Vertrauen gegenüber der Belegschaft, wirkt schwach als auch wenig handlungsfähig und demontiert sich automatisch nach und nach von selbst.

Als Verstärker können Sie gegenüber der Belegschaft die jährlichen Kosten des Betriebsrats im Unternehmen darstellen als auch dessen besondere Privilegien gegenüber der allgemeinen Mitarbeiterschaft. Missmut entsteht. Hier sind u. a. Weiterbildungskosten, Bewirtungsaufwendungen, Reisekosten, Abwesenheitstage und Rechtsberatungskosten zu nennen.

Folgt Ihnen die Belegschaft vertrauensvoll, so sollten Sie eine Neuwahl des Betriebsrats initiieren, um darzustellen, dass Sie im umfangreichen Sanierungsprozess gerne mit einem kooperativen Betriebsrat im Sinne des Gesamtinteresses der Firma und somit auch der Belegschaft zusammenarbeiten möchten, jedoch der heutige Betriebsrat versucht dies zu verzögern oder zu verhindern und dadurch völlig unnötig wesentlich mehr Arbeitsplätze als geplant oder der komplette Standort verhaltensbedingt gefährdet werden.

Manch ein Unternehmen treibt es mit juristischem Beistand gar auf die Spitze. Sie überhäufen den Betriebsrat mit Unmengen an Anfragen und abgeforderten Stellungnahmen, sodass dieser zu seiner eigentlichen Arbeit und Erledigung wichtiger Aufgaben nicht mehr kommt.

Zur Forcierung von Versäumnissen helfen immer kürzer gesetzte Rückmeldefristen. Zusätzlich bewegen Mitarbeitergespräche mit einzelnen BR-Mitgliedern deren freiwilliger BR-Ausstieg, um so das Unternehmens- und Belegschaftsinteresse zu wahren. Die Liste von möglichen BR-Mitarbeiterverfehlungen ist lang.

Schadenersatzforderungen gegenüber dem Betriebsrat plus der Ausspruch von fristlosen Kündigungen an dessen Mitglieder und eine Beauftragung einer Detektei werden von einigen Unternehmen eher als untergeordnet eingestuft, um das übergeordnete Sanierungsziel zur Sicherung von Arbeitsplätzen zu erreichen.

Schadenersatzansprüche können gegenüber Betriebsratsmitgliedern schnell entstehen, wenn Betriebsräte für die laufende Geschäftsführung sowie BR-Sitzungen oder in der Beschaffung von sachlichen Mitteln dass "erforderlichen Maß" überschreiten. Eine glasklare Definition der Bedeutung gibt es dazu nicht. § 40 BetrVG, also der "Grundsatz der Verhältnismäßigkeit", kann für und durch den Arbeitgeber vorteilhaft ausgelegt werden. Kann der Arbeitgeber nachweisen, dass der Betriebsrat nicht so kostengünstig wie möglich gehandelt hat, so entsteht sehr schnell ein Schadensersatzanspruch. Für eine selbst veranlasste Anmietung von Räumen ist der Betriebsrat im Übrigen nicht befugt, er hat in der Regel auf eine Zurverfügungstellung lediglich einen Anspruch - innerhalb oder außerhalb des Betriebes. Ein schwieriges Unterfangen für den Betriebsrat als Auftraggeber an den Dienstleister (z. B. Hotel). Da der Betriebsrat über keine eigenen Mittel verfügt und das Unternehmen nicht Auftraggeber ist, so wendet sich der Dienstleister (in diesem Fall das Hotel) zur Kostenübernahme an das BR-Mitglied, welches den Schaden unverzüglich zu tragen hat.

Somit ist es nicht selten, dass Arbeitgeber bereits entstandene Rechnungen und Kosten des Betriebsrates intern überprüfen, nach Alternativen suchen und BR-Mitgliedern wegen Verstoß gegen das BetrVG § 40 fristlos kündigen. Bis sich das Arbeitsgericht dem Sachverhalt abschließend annimmt, vergehen teilweise bis zu zwei Jahre. Bis dahin sind Sanierungsprozesse meist abgeschlossen. Meist suchen sich die Gekündigten einen neuen Job, da sie von der Agentur für Arbeit für die ersten sechs Monate keine Bezüge erhalten (Sperre) und bei jüngeren Mitgliedern meist nur ein Jahr Anrecht auf Arbeitslosengeld besteht.

In allem Handeln geht es Unternehmen nicht darum, den Betriebsrat unredlich abschaffen zu wollen. Es geht um die gesetzkonforme Verhältnismäßigkeit zwischen Betriebsratsprivilegien und den Privilegien der allgemeinen Belegschaft. Am Ende zählt die Einhaltung von Recht und Ordnung. Dazu zählt nun mal auch das Betriebsverfassungsgesetz, welches auch Betriebsräte zum Wohl der gesamten Belegschaft zu beachten haben und sich nicht eigennützig dahinter verstecken.

Kooperative Betriebsräte sind für Unternehmen dagegen ein Segen. Selbst Neugründungen sollte man positiv gegenüberstehen. Es ist doch aus Arbeitgebersicht im Sanierungsprozess wesentlich angenehmer, von Betriebsräten eine Streichungsliste von Mitarbeitern aus der Belegschaft erarbeiten zu lassen, die auch von diesem anschließend getragen wird. Sie können bei Umsetzung darauf verweisen, dass Sie bei den notwendigen Entlassungen im Sinne des Betriebsrates gehandelt haben.

Arbeitshilfe:

Welche wichtigen Erkenntnisse leite ich ab?

09   Mitbestimmungsrecht des Betriebsrats

Dem Betriebsrat steht ein erzwingbares Mitbestimmungsrecht gem. § 87 BetrVG zu. Der Arbeitgeber darf keine einseitige Anordnung gegenüber der Belegschaft erteilen.

Gehen Sie davon aus, dass bei einer Mitbestimmung immer ein kollektives Interesse der Belegschaft vorhanden sein muss. Betrifft die Anordnung lediglich einer einzelnen Person, so ist kein kollektiver Tatbestand vorhanden und das Mitbestimmungsrecht des Betriebsrates in der Regel nicht gegeben.

Individuelle Vereinbarungen mit einzelnen Mitarbeitern sind somit ohne Mitbestimmungsrecht des Betriebsrates möglich. Die Entlohnungshöhe ist mitbestimmungsfrei. Nur die Einführung, Änderung oder Abschaffung von Entlohnungsmethoden ist mitbestimmungspflichtig.

In der Praxis zerlegen Sie somit möglichst alle zu verändernden Bestandteile in ihre Einzelteile. Oftmals erreicht der Arbeitgeber Lösungen, die derart individuell gestaltet werden und somit nicht mehr mitbestimmungspflichtig sind. Vor allem dann, wenn sie im Vorfeld recherchieren, auf welches mögliche Privileg sich der einzelne Mitarbeiter individuell einlassen könnte. So entsteht ein kooperatives Geben und Nehmen zwischen dem Arbeitgeber und Arbeitnehmer unter Ausschluss des Betriebsrats.

Vermeiden Sie einstweilige Verfügungen vor Gericht, um hohe Ordnungsgelder zu vermeiden. Freiwillige und angeordnete Überstunden sind zwingend mitbestimmungspflichtig.

Stellen Sie bei Ablehnung von Überstunden durch den Betriebsrat gegenüber der Belegschaft dar, dass durch ohne zusätzliche Überstunden Aufträge möglicherweise verloren gehen, neue kurzfristige Aufträge nicht angenommen werden können oder Kunden zum Wettbewerb abwandern könnten, weil diese mangels Kapazität nicht bedient werden können. Ein solches Verhalten des Betriebsrats kann je nach Auslegung Arbeitsplätze gefährden.

Gleiches Mitbestimmungsrecht des Betriebsrats gilt auch für die technische Einrichtung zur Kontrolle von Mitarbeitern. Es handelt sich auch hierbei nicht um ein erzwingbares Mitbestimmungsrecht durch den Arbeitgeber.

Sie sehen, dass trotz des Mitbestimmungsrechts ein erheblicher Spielraum für Arbeitgeber im individuellen Handeln besteht. Es gibt kein wirkliches und klares "Schwarz oder Weiß". Vieles liegt im Ermessen des Betrachters.

Arbeitgeber können u. a. den Betriebsrat wunderbar gegenüber der eigenen Belegschaft und zum Vorteil des Arbeitgebers instrumentalisieren. Fordert ein Großkunde beispielsweise einen erheblichen Preisnachlass, so soll der Betriebsrat massiven Gehaltskürzungen zustimmen. Tut er dies im Ergebnis nicht, so ist der Auftrag latent in Gefahr. Der Großkunde wandert möglicherweise ab, wenn Preise nicht gesenkt werden können. So die Darstellung des Arbeitgebers gegenüber der Belegschaft. Stimmt der Betriebsrat den Kostensenkungen nicht zu, so stehen möglicherweise eine Vielzahl von Arbeitsplätzen zur Disposition, welchen später der Betriebsrat zustimmen muss, da er ja die geforderten Gehaltssenkungen nicht mitgetragen hat.

Arbeitshilfe:

Welche individuellen Lösungen kann ich mir vorstellen?

Welche Punkte möchte ich mit dem Betriebsratsvorsitzenden vertraulich und im Vorfeld bilateral besprechen?

In welchen Abteilungen sind individuelle Vereinbarungen sinnvoll umsetzbar?

10   Detekteien und Sicherheitsfirmen einbinden

Einige Unternehmen geraten in Schieflage, weil Mitarbeiter gegenüber ihrem Arbeitgeber illoyal oder kriminell handeln und dadurch das Gesamtwohl der Firma stark gefährden.

Ein bandenhaftes Agieren von Führungskräften oder Mitarbeitern kann manch einem Unternehmen den Todesstoß versetzen. Wenn nicht gleich finanziell, dann jedoch von der Öffentlichkeit bei Bekanntwerden initiiert.

Imageschädigung, Wirtschaftskriminalität und Spionage nehmen in Anbetracht der einfachen technischen Möglichkeiten immer stärker zu. Allein das Risiko "Handy am Arbeitsplatz" lässt die sichersten Firmen-PC-Netzwerke beim Abfotografieren von Daten völlig unsicher erscheinen.

Spezielle Firmen können an dieser Stelle betroffenen Unternehmen sehr diskret helfen, um einen Skandal in der Öffentlichkeit und einhergehenden Kundenschwund zu vermeiden.

Polizeiliche Ermittlungen werden von der Belegschaft häufig schnell erkannt. Daher ist vielen Vorständen, Geschäftsführern und Aufsichtsgremien im Vorfeld an diskreten Lösungen gelegen, bevor die Übeltäter auffliegen und an die Staatsanwaltschaft überführt werden.

Es wäre ein großer Aufschrei in der Belegschaft zu erwarten, wenn in einem harten Sanierungsprozess hoch bezahlte Manager nicht zur Rechenschaft gezogen würden, sondern durch Vertuschung auch noch eine dicke Abfindung erhalten.

Achtung: Im Zweifel haftet der Geschäftsführer für kriminelle Machenschaften seiner Mitarbeiter mit, wenn ihm Fahrlässigkeit in seiner Kontrollfunktion nachgewiesen werden kann.

Informieren Sie Ihre Aufsichtsgremien bei Verdacht auf kriminelles Handeln, damit Sie stärker aus der eigenen Haftung genommen werden können.

Arbeitshilfe:

Habe ich einen Verdacht auf Missbrauch oder Spionage?

Könnten Spesen- und Reisekostenabrechnungen unrichtig sein?

Möchte ich Handys im Büro zur Nutzung grundsätzlich verbieten?

Haben die PCs meiner Arbeitnehmer offene Laufwerke (USB, CD-Slots oder Internet) und kann ich diese einschränken, überwachen oder deaktivieren?

Können Firmendaten unbemerkt als Dateianhang per E-Mail für mich nicht nachvollziehbar versendet werden oder erhalte ich Protokolle, die revisionssicher sind?

Handeln Sie mit Weitsicht und durch Sammeln von frühzeitigen Beweisen für rechtlich unbedenkliche verhaltensbedingte Kündigungen.

11 Abgesicherte verhaltensbedingte Kündigungen

Ordentliche verhaltensbedingte Kündigungen sind möglich. Liegt aber keine vorherige, aber zwingend notwendige Abmahnung gegenüber dem Arbeitnehmer vor, so haben verhaltensbedingte Kündigungen vor Gerichts in der Regel keinen Bestand. Sie sind unwirksam.

Bauen Sie also frühzeitig rechtssicher vor. Passen Sie auf, dass Sie Inhalte von Abmahnungen auch beweisen können. Ansonsten ist die Abmahnung in der Regel unwirksam und somit auch die ausgesprochene Kündigung. Können Sie das Fehlverhalten beweisen, so muss es für den Arbeitnehmer darüber hinaus klar ersichtlich sein, dass eine Wiederholung die Konsequenz einer verhaltensbedingten Kündigung mit sich zieht.

Ebenfalls ist bei verhaltensbedingten Kündigungen der Betriebsrat anzuhören, eine ausführliche Interessenabwägung ist der Anhörung beizufügen. Hier sind neben den persönlichen Daten die Interessen des Arbeitnehmers und die des Arbeitgebers aufzulisten. Am Ende kommen Sie in Abwägung der Sachverhalte zu dem Ergebnis, eine verhaltensbedingte Kündigung auszusprechen, weil Sie zum Beispiel die Betriebsdisziplin im Unternehmen weiterhin garantieren wollen und durch eine Entlassung ein klares Zeichen setzen. Gleiches gilt auch für sexuelle Belästigungen am Arbeitsplatz, Missbrauch bei der Zeiterfassung, Spesenbetrug, krankfeiern, Mobbing, etc.. Aber auch auf den ersten Blick abwegige Abmahnungen zum Vorbau verhaltensbedingter Kündigungen sind denkbar.

Je mehr belastbare Beweise Sie sammeln, je wahrscheinlicher ist der Erfolg einer Kündigung.

Verhaltensbedingte Kündigungen können leichter und risikoloser als betriebsbedingte Kündigungen umgesetzt werden, da die Schutzwürdigkeit des Kollektivs nicht beachtet werden muss.

Aus diesem Grund räumen Unternehmen über einen solchen Zwischenschritt ihre Personalüberhänge durch die Entlassung von schwierigen Querulanten, die oftmals die übrige Belegschaft an der Produktivität hindern, auf.

Externe Experten helfen bei der Dokumentation von Beweisen, um diese in möglichen Kündigungsschutzprozessen bezeugen zu können.

So erlangen Sie einerseits einen günstigen Abbau von Arbeitsplätzen, der möglicherweise ausreicht, um gut begründete betriebsbedingte Kündigungen mit einem risikobehafteten Auswahlverfahren zu vermeiden.

Arbeitshilfe:

Welche Aktivitäten leite ich ab?

Habe ich Mitarbeiter in der Belegschaft, denen ich eine verhaltensbedingte Kündigung aussprechen möchte?

Habe ich bereits ausreichende Beweise gesammelt oder sollte ich mich über frühzeitige Abmahnungen absichern, um zu einem späteren Zeitpunkt eine Kündigung aussprechen zu können?

Welche weiteren Aspekte sind für mich wichtig?

Überlegen Sie sehr sorgfältig, ob Sie mit oder ohne Insolvenz sanieren wollen. Beides kann durchaus sinnvoll sein.

12 Erste Folgen einer Arbeitgeber-Insolvenz

Achtung: Trotz Insolvenz eines Unternehmens lohnt eine Klage gegen eine Kündigung durch den Arbeitnehmer. Vor allem endet durch Insolvenz kein Arbeitsverhältnis. Es sind jedoch betriebsbedingte Kündigungen möglich. Oftmals stehen darüber hinaus Gehaltszahlungen aus. Bleiben Arbeitnehmer wegen ausstehender Gehaltszahlungen der Arbeit unentschuldigt fern, so können diese gekündigt werden. Der Arbeitgeber hat die Möglichkeit, Gehaltszahlungen zur vorübergehenden Stundung anzubieten, sodass Gehaltszahlungen zu einem späteren definierten Zeitpunkt ausgeschüttet werden. Ebenfalls kann um ein Verzicht auf einzelne Gehaltsbestandteile gebeten werden, wie u. a. auf Verzicht des Weihnachtsgeldes.

Eine Klage ist ein teures und im Zweifel auch langfristiges Unterfangen für den Arbeitgeber, wenn der Arbeitnehmer über eine Kostendeckung einer Rechtsschutzversicherung verfügt.

Selbst bei einer Insolvenz kann vom Arbeitnehmer Insolvenzgeld bei der Agentur für Arbeit beantragt werden. Hierzu bestehen kurze Fristen. Vom Arbeitgeber besteht eine Informationspflicht gegenüber den Arbeitnehmern.

Bei Ansprüchen vor der Insolvenzeröffnung hat sich der Arbeitnehmer an den Insolvenzverwalter zu wenden, um die offenen Forderungen zur Tabelle nehmen lassen. Hierzu erhalten Arbeitnehmer vom Insolvenzverwalter ein Formular, in welches die Forderungen einzutragen sind. Für Ansprüche nach der Insolvenzeröffnung ist der Insolvenzverwalter ebenfalls zuständig, um Gehälter aber nur auszuzahlen, wenn keine Finanzierungslücke entsteht.

Der Arbeitgeber ist gut beraten, wenn es nicht zu einem Klageverfahren kommt, sondern ein Vergleich geschlossen werden kann. Vorausgesetzt wird natürlich eine ausreichende Insolvenzmasse.

Im Insolvenzverfahren sollen möglichst viele Gläubiger bedient werden.

Arbeitsrechtlich gelten auch bei Insolvenz die gleichen üblichen Voraussetzungen für betriebsbedingte Kündigungen. Es muss im Grundsatz eine unternehmerische Entscheidung vorliegen, es darf u. a. kein anderer Arbeitsplatz für den Arbeitnehmer im Unternehmen vorhanden sein und eine ordnungsgemäße Sozialauswahl muss stattgefunden haben.

Rechtlich eine schwierige Ausgangslage. Vor allem deshalb, weil zu allererst weniger schutzwürdige Mitarbeiter entlassen werden müssen. Junge Talente mit Esprit und dem Willen, den Sanierungsprozess proaktiv mitgestalten zu wollen, werden oftmals nicht im Interesse des Arbeitgebers zu einem Weggang gezwungen. Was vielen Betrieben bleibt, ist eine Belegschaft, die an alten Strukturen hängt und wenig zur Veränderung bereit ist.

Zu sämtlichen Kündigungen ist der Betriebsrat anzuhören. Für langjährige Mitarbeiter mit langen Kündigungsfristen gilt im Insolvenzfall eine maximale Kündigungsfrist von nur drei Monaten. Diese Option ermöglicht es vor allem, hohe Abfindungen zu vermeiden, wenn diese Situation den Arbeitnehmern vor einer Insolvenzeröffnung aufgezeigt wird. Ein solches Vorgehen beschleunigt vor allem eine einvernehmliche und gesamtbetriebliche Lösungsfindung mit dem Betriebsrat im Sinne einer bevorzugten Insolvenzvermeidungsstrategie.

Mit einer innerbetrieblich offenen ausgesprochenen Option einer Insolvenz in Selbstverwaltung können Sie allseitig bessere Verhandlungsergebnisse erzielen.

Arbeitshilfe:

Welche Aspekte leite ich daraus ab?

Ist eine Insolvenz zwingend nötig oder kann ich diese abwenden?

Welche Optionen bleiben mir?

Mit welchem Mitarbeiterverhalten muss ich rechnen (kooperativ oder aggressiv)?

Je nach Betriebsgröße, Arbeitnehmerabwicklung und Sanierungsaufwand sind 2-3 Jahre eine realistische Zielgröße, bis von einem erfolgreichen Umschwung in eine Wachstumsphase gesprochen werden kann.

13 Wie lange dauern wirksame Sanierungen?

Probleme, die Unternehmen in Schieflagen bringen, entstehen nicht über Nacht. Somit kann ebenfalls davon ausgegangen werden, dass sich Sanierungskonzepte nicht von heute auf morgen implementieren lassen.

Durchschnittlich sollten 2-3 Jahre für die Umsetzung berücksichtigt werden. In den ersten zwei Monaten beginnt die Analysierungsphase, bei der vor allem die noch bestehende Liquidität gesichert wird. Ebenfalls wird in dieser Zeit eine Unternehmensanalyse erstellt, um mit den vorhandenen Ressourcen eine neue Strategie planen zu können. Im Fokus stehen primär Erste-Hilfe-Sofortmaßnahmen, um eine Insolvenz abwenden und aus eigener Kraft einen Turnaround schaffen zu können.

Darauf folgt innerhalb des ersten Jahres der Turnaround selbst. Maßnahmen werden ergriffen, die Strukturen verändert und ein langfristiges Konzept nach und nach umgesetzt.

Nach einem erfolgten Restrukturierungsstart beginnt in der Regel nach dem ersten Jahr die Festigung der Strukturveränderungen und eine immer stärkere Konzentration in die eigentliche Kernkompetenz des Unternehmens. Unrentable Bereiche werden nach und nach geschlossen bzw. veräußert, sodass die Profitabilität nachhaltig gesteigert werden kann.

Oftmals sind Teile der bestehenden Geschäftsführung als auch dessen Führungskräfte in der Umsetzung überfordert. Einerseits sind sie durch ihr Versagen in der Ausübung ihrer Tätigkeit gelähmt und nicht geeignet, neue Strategien zu entwickeln, ohne das Alte und Unrentable wirklich loslassen zu können oder zu wollen. Das Früher-war-alles-besser-Syndrom als auch wiederholende Schuldzuweisungen vergeuden einfach nur Zeit, ohne dabei ein schnelles positives Ergebnis herbeiführen zu können.

Es ist daher wichtig, mit den richtigen visionären Menschen im Unternehmen an der Transformation des Betriebes zu arbeiten.

Trennen Sie sich daher von den tatsächlich nicht benötigten Mitarbeitern. Erstellen Sie zum reibungslosen Personalabbau sowie einer Rekrutierung von neuen Fachkräften rechtzeitig einen Strategieplan.

Es müssen für einen erfolgreichen Sanierungsprozess fachlich saubere Analysen über künftig zu erbringende Leistungen und Produkte erstellt werden. Welche Mitarbeiter sind dazu geeignet und ehrlich im Umgang mit der erforderlichen Sorgfalt? Am Ergebnis entscheidet sich, ob ein Unternehmen überleben kann oder auch nicht. Vermeiden Sie im Einsatz Mitarbeiter, die in der Analyse nur eine zeitliche Überbrückung oder Verzögerung der nächsten lebensnotwendigen Prozessschritte sehen könnten.

Ebenso erfolgt eine klare Definition von Kundengruppen und Märkten. Darauf müssen nach und nach die Organisations-strukturen angepasst werden, um eine schnelle Effizienz-steigerung zu erreichen. Auch hier stellt sich die Frage der richtigen Mitarbeiter, die entsprechend belastbar und in der Bewertung Kompetenz beweisen können.

Ein stetiges Controlling der neuen Prozesse ist ebenfalls unabdingbar. Es besteht ohne Controlling die Gefahr, dass die Belegschaft in alte Muster, die ja bekanntlich zum Misserfolg geführt haben, zurückfällt. Auch hierzu benötigen Sie die richtigen Mitarbeiter mit Erfolgs- und Umsetzungswillen.

Arbeitshilfe:

Welchen Sanierungszeitplan habe ich mir gesetzt?

Was möchte ich streichen?

Was möchte ich verändern?

Welches Budget habe ich tatsächlich?

Spielen meine Banken bei der Finanzierung mit?

Welchen Mitarbeitern vertraue ich in einem harten Turnaround-Prozess?

Wer hat die emotionale und fachliche Durchsetzungskraft, um Sanierungspläne in der Umsetzung zu steuern?

Ohne ein Umdenken ist kein Turnaround möglich.

14 Wovon sind Turnaround Erfolge abhängig?

Diese Frage ist eigentlich recht einfach zu beantworten. Das Turnaround-Konzept muss vor allem realistisch sein. Es nützt nichts, sich euphorische schöne neue Welten auszumalen, wenn weder das Produktionsequipment noch die notwendigen Kompetenzen im Unternehmen vorhanden sind. Beides kann durch strategische Zukäufe nach und nach kompensiert werden. Nur eben nicht von heute auf morgen.

Ist die Beschaffung neuer finanzieller Mittel unrealisierbar, Nachfinanzierungen durch Gläubiger nicht möglich und Veräußerungen aus dem Betriebsvermögen nicht darstellbar, so ist die Basis einer Rettung nicht gegeben. Wichtig ist das Werben um frühzeitiges Vertrauen. Fehlt es an Vertrauen und schießt kein Kreditgeber nach, bleibt nur noch der Weg zum Insolvenzverwalter. In der Regel beleihen Kreditgeber 60 bis 80 Prozent der Sicherheiten. Ein Factoring kann ebenfalls helfen.

Wird der benötigte Kapitalbedarf gedeckt, so besteht Grund zur Hoffnung. Zum nachhaltigen Erfolg führen aber immer eine zielorientierte Stringenz und Konsequenz, ohne immer wieder dem äußeren Umfeld die eigenen Managementfehler in die Schuhe schieben zu wollen.

Strukturen und Prozesse müssen zwingend und nachhaltig verändert werden. Ansonsten ist kein Turnaround zu schaffen, da ja genau diese Problemstellungen zur vorhandenen Misere geführt haben.

Sie benötigen im Unternehmen ein schlagkräftiges Umsetzungsteam, dass zielorientierte schnelle Entscheidungen ohne langwierige Abstimmprozesse durchregieren kann und die Umsetzung der verabschiedeten Sanierungskonzepte überwacht.

Arbeitshilfe:

Welche realistischen Ziele verfolge ich in welcher Zeit?

Welche Erfolge sind mir primär wichtig?

Kann ich weitere finanzielle Mittel über Banken beschaffen?

Welche Alternativfinanzierungen fallen mir ein?

Vertrauen mir meine Mitarbeiter?

Kann ich konsequent sein oder benötige ich externe Hilfe?

Kooperative Vereinbarungen sind im Sanierungsprozess nachhaltiger als gerichtlich durchgekämpfte Entscheidungen gegen die eigene Belegschaft.

Ein freiwilliges Abgeben ist besser

als ein Nehmen von Privilegien.

15   Was kann ich mit der Belegschaft aushandeln?

Um ein Unternehmen zu sanieren, sollte vor allem eine Kooperation zwischen allen Beteiligten angestrebt werden. Von der Geschäftsführung über den Betriebsrat bis hin zu den Mitarbeitern. Jedem leuchtet ein, dass ein baldiges Ende des Unternehmens absehbar ist, wenn offen und transparent über die wirtschaftliche aktuelle Lage berichtet wird.

Können sowohl der Betriebsrat als auch die Mitarbeiter die notwendigen Veränderungsprozesse nachvollziehen und sich im anstehenden Sanierungsprozess einbringen, so ist ein gemeinsamer Weg eindeutig besser als in der angeschlagenen Situation auch noch innerbetrieblich gegeneinander zu intrigieren.

Am Ende möchte jeder seinen Job behalten und die Belegschaft ist für Zugeständnisse bereit. Diese Chance sollte Sie nutzen.

Lohn- und Gehaltszahlungen belasten die Liquidität eines jeden Unternehmens Monat für Monat deutlich, daher kommen Ihnen folgende Verhandlungsergebnisse sehr entgegen:

1. Freiwillige unbezahlte Mehrarbeit führt von Beginn an zu einer höheren Produktivität und somit zu mehr Liquidität. Überstunden könnten auch zu einem späteren sinnvollen Zeitpunkt wieder abgefeiert werden. Hierzu sind Kennzahlen vom Unternehmen zu definieren.

2. Befristeter Verzicht auf Urlaubs- und Weihnachtsgeld. Aber Achtung. Solche Verzichtserklärungen können anfechtbar und unwirksam sein, weil auf tarifliche und gesetzliche Leistungen nicht verzichtet werden kann. Deshalb könnte jedoch eine Stundung der Gelder vereinbart werden.

In der Regel kann der Arbeitgeber an vielen Stellen erhebliche Kosten und somit Geld einsparen. Vor allem gegenüber Lieferanten. Je höher das Ausfallrisiko bereits gelieferter Waren und Dienstleistungen, je größer ist das Entgegenkommen der Gläubiger, um am Ende nicht alles zu verlieren.

Dieses gilt auch für Banken. Lieber schießen Banken als Gläubiger mit einem weiteren überschaubaren Kredit zur Absicherung größerer Kredite nach, als das sie das Gesamtengagement größerer Kredite komplett verlieren. Erachtet die Bank dass Sanierungskonzept als einigermaßen sicher und verspricht der Schuldner Zinszahlung und Tilgung, so wird meistens einem Nachschusskredit grünes Licht gegeben.

Wichtig ist bei allen wesentlichen Schritten, dass die Belegschaft im gesamten Transformationsprozess gedanklich mitgenommen und regelmäßig über Fortschritte in einfachen Worten informiert werden muss. Nicht über jedes Detail, aber über das große Ganze. Auch über mögliche Misserfolge muss im Sanierungsprozess gesprochen werden. Nur so schaffen Sie Vertrauen und Unterstützung der Mitarbeiter. Haben diese das Vertrauen in die Unternehmensführung verloren, so ist der Sanierungsplan am Ende, da sich ab diesem Zeitpunkt nur noch jeder selbst versucht, sich der Nächste zu sein.

Arbeitshilfe:

Kann ich mit meiner Belegschaft erfolgreich ein Verhandlungsergebnis erzielen?

Ist der Betriebsrat Unterstützer oder Gegner?

Welche Personen sind im Betriebsrat für mich kritisch?

Welche Zugeständnisse kann ich mir vorstellen?

Würden einzelne Mitarbeiter dagegen klagen?

Wer verhandelt welche Konditionen mit meinen Lieferanten und Kreditgebern?

Welche weiteren Handlungsoptionen kann ich mir vorstellen?

Eine hohe Mitarbeiterbereitschaft ist ein positives Zeichen von ehrlichem Vertrauen in das Management.

16   Turnaround-Bereitschaft bei Mitarbeitern

Steht der Sanierungsplan und ist das Personal den neuen Strukturen angepasst, so gilt es die Mitarbeiter in ihrer Bereitschaft zur Veränderung zu unterstützen.

Menschen haben in dieser Turnaround-Sondersituation teilweise massive Ängste zu versagen und doch noch entlassen zu werden. Schaffen Sie Vertrauen, sodass mit entstehenden Fehlern in Veränderungsprozessen offen umgegangen wird und mögliche Fehler völlig normal sind. Fehler sind dazu da, analysiert zu werden, um daraus weitere Verbesserungen ableiten und diese in bestehende Prozessabläufe integrieren zu können.

Stellen Sie in Gesprächen sicher, dass in der gesamten Belegschaft ein einheitliches Verständnis zu neuen Werten vorhanden ist und den Veränderungsprozess auch wirklich wollen. Dazu gehören der Wille zur Veränderung selbst, die Übernahme von Eigenverantwortung, der Verzicht auf Privilegien gegenüber anderen Kollegen und ein 100%iges Engagement in der Umsetzung von Sanierungsmaßnahmen sowie in die tägliche Arbeit. Sollten Sie Defizite feststellen, so führen Sie bitte umgehend ein Personalgespräch mit der entsprechenden Person.

Neben dem Willen sind natürlich auch die Sicherstellung der Mitarbeiter-Fähigkeiten von großer Wichtigkeit. Führungskräfte müssen unter den Mitarbeitern Teamfähigkeit und die notwendige Vermittlung von neuem Fachwissen sicherstellen. Dazu muss die Belegschaft eine gewisse höhere Belastbarkeit aushalten können. Es fordert Konzentration und die Bereitschaft, sich neues Wissen aneignen zu wollen.

Stellen Sie auch bei den handelnden Personen sicher, dass sie in der Anwendung ihrer Fähigkeiten auch über die notwendigen Entscheidungskompetenzen verfügen. Passen Sie somit die Strukturen der erforderlichen Notwendigkeit an. Dennoch ist Kontrolle notwendig, um Mitarbeiterfehler zu vermeiden. Oftmals kann diese durch ein Vier-

Augen-Prinzip erreicht werden.

Arbeitshilfe:

Wie kann ich das Vertrauen in mich weiter schärfen?

Wie möchte ich welche neuen Werte an die Belegschaft transportieren?

Wie kann ich meine Belegschaft motivieren?

Welche Weiterbildungsmaßnahmen möchte ich in welcher Form anbieten?

Habe ich ein Weiterbildungsbudget eingeplant? Wenn ja, ist dieses pro Mitarbeiter angemessen?

Hat Ihr Management die Kompetenz und den Willen einen Sanierungsprozess erfolgreich entwickeln und durchsetzen zu können? Wird auf Privilegien verzichtet?

17 Wer leitet einen Restrukturierungsprozess?

Die Beantwortung dieser Frage ist von zwei wesentlichen Faktoren abhängig.

1. Vom Umfang des Restrukturierungsbedarfs

2. Von der Qualität des Managements und der Belegschaft

Je größer der Restrukturierungsbedarf ausfällt, je höher ist die Notwendigkeit, sich von Sanierungsexperten unterstützen zu lassen. Immerhin hat bei hohem Sanierungsbedarf das bisherige Management über lange Zeiträume versäumt, existenzielle Anpassungen vorzunehmen.

Sind die Anpassungsbedarfe gering und die Kompetenz im Unternehmen hoch, so kann das Management die notwendigen Anpassungen selbst durchführen. Diese Aufgabe zählt zum Tagesgeschäft erfolgreicher Unternehmen.

Ist die Qualifikation gering, der Restrukturierungsbedarf jedoch hoch, so sollten sowohl die Geschäftsführung als auch die Führungskräfte ausgetauscht werden.

Ist hingegen die Qualifikation des Managements als auch der Restrukturierungsbedarf hoch, so sollte das bestehende Management durch Turnaround-Kompetenzen aufgestockt werden. Externe Experten werden zeitweise hinzugezogen.

Kreditgeber zweifeln häufig bei umfangreichen Sanierungsfällen an der Kompetenz des Managements. Wäre bereits über Jahre hinweg Vorsorge und Weitsicht betrieben worden, so wäre die Schieflage erst gar nicht entstanden.

Welche Strategie leite ich aus der Darstellung ab?

Achten Sie bei möglichen Sozialplänen und bei der
anstehenden Personalauswahl für betriebsbedingte
Kündigungen auf jede Einzelheit.

18   Fehler bei Turnaround-Personalentscheidungen

Falsche Personalentscheidungen können in Sanierungsprozessen verdammt teuer werden. Oftmals haben Sie den falschen Mitarbeiter am falschen Ort. Strukturbedingt.

Ein erfolgreicher Turnaround ist ohne Personalabbau in der Regel nicht möglich, da mitgeschleppte Mitarbeiterüberhänge durch nicht digitalisierte und somit teure Prozesse die durchschnittliche Mitarbeiterproduktivität und somit Effizienz stark negativ beeinflussen.

Eine Vielzahl von Mitarbeitern ist zudem fachlich - trotz Weiterbildungsmöglichkeiten - nicht in der Lage, sich neues Wissen derart anzueignen, dass der bisherige Job durch neue Aufgaben kompensiert werden kann. Dazu gehören vor allem die Blockierer von Sanierungsprozessen, die Veränderungen grundsätzlich ablehnen und gegenüber sämtlichen Überzeugungsanstrengungen völlig immun sind. Diese Mitarbeiter unterliegen überwiegend auch dem Irrtum, dass bei einer Entlassung eine Abfindung fließen muss. Dies ist ein völliger Irrglaube.

Wenn Unternehmen ihre Belegschaft alleine nach sozialen Gesichtspunkten auswählen, so werden sie feststellen, dass das Durchschnittsalter der Beschäftigten innerhalb kürzester Zeit stark ansteigen wird. Junge Leistungsträger ohne Kinder und ohne Behinderung sind nun mal nicht besonders schutzwürdig, aber in Sanierungsprozessen für das Unternehmen als Träger von Visionen und Nachwuchs-Fachkräften mit hohem internen Know-how enorm wichtig. Nicht selten enden Sanierungsprozesse im Personalwesen nach Schema F, so, dass nach weiteren drei Jahren der Umstrukturierung das Unternehmen schließen müsste, weil sämtliche verbliebenen Mitarbeiter geschlossen in den Ruhestand gehen.

Wenn der Betriebsrat mitspielt - und es geht letztendlich auch um seinen Arbeitsplatz - so könnten Sie versuchen, die Belegschaft in Alterscluster aufzusplitten. Sie könnten vereinbaren, dass Sie aus jeder

Altersgruppe gleich viele Mitarbeiter entlassen und diese Entscheidung damit begründen, dass berechtigte betriebliche Bedürfnisse die Weiterbeschäftigung eines oder mehrerer Arbeitnehmer bedingen (§ 1, Abs. 3, Satz 2, KSchG). Ohne juristischen Fachbeistand wird ein rechtssicherer Turnaround im Personalwesen nicht möglich sein. Zu groß ist die wirtschaftliche Fallhöhe bei Formfehlern.

Wichtig ist dem Betriebsrat oftmals ein Sozialplan sowie die Schaffung eines Interessenausgleichs für die Belegschaft. Je schneller dieses gelingt, je höher sind die Einsparungen durch schnelle Veränderungsmöglichkeiten, Rechtssicherheit und einer Vermeidung von daraus entstehenden Zahlungsverpflichtungen.

Steht der Interessensplan, sind somit die anstehenden Sanierungsmaßnahmen von nun an umsetzbar. Die finale Abstimmung eines Sozialplans ist dagegen schon eine ganz andere Hausnummer. Hier geht es um Geld. Im Zweifel um sehr viel Geld. Klären Sie daher juristisch ab, ob in Ihrem individuellen Fall ein Sozialplan erstellt werden muss. Wenn dem so ist, kann der Betriebsrat Sie zu einer Erstellung juristisch zwingen.

Es verbleibt Ihnen die Möglichkeit, in mehreren Schüben zu entlassen, sodass Sie der Sozialplanpflicht nicht unterliegen. Dieses Vorgehen birgt jedoch ein immenses Haftungsrisiko in sich, wenn später nachzuweisen ist, dass Sie durch Ihr Handeln die Erstellung eines Sozialplans umgangen haben.

Klären Sie somit im Vorfeld, ob es nicht ausreicht, die Obergrenze einzuhalten und gleichzeitig die weiteren Mitarbeiter umzuqualifizieren. Sie sichern sich so wertvolle Arbeitskräfte und stecken Ihr Geld lieber in Weiterbildungsmaßnahmen als in Abfindungen.

Sollten Sie einen Sozialplan inhaltlich als zu teuer erachten, so bleibt die Überlegung einer Insolvenz in Eigenregie. Das keine großen Abfindungsgeschenke an ausscheidende Arbeitnehmer überreicht werden können, sollte ja vor allem dem Betriebsrat klar sein. Sollten dennoch die Sozialplanforderungen überreizt werden, so können Sie bei einer Insolvenz 100 % der Forderungen einmelden und nach einigen Jahren, wenn die Insolvenzmasse und Quote feststeht, anteilig ausschütten. Darüber hinaus ist gemäß Insolvenzrecht eine Abfindung auf 2,5 Monatseinkommen beschränkt. Aus dieser Maximalforderung errechnet sich über die Insolvenzquote der Ausschüttungsbetrag. Eine sicherlich für alle Arbeitnehmer denkbar schlechteste Lösung. Also sollten alle Beteiligten die emotionale Kirche sprichwörtlich im Dorf lassen. Je mehr Liquidität über Sozialpläne abgesogen wird, je geringer sind die Aussichten auf einen erfolgreichen Turnaround und das Überleben eines Unternehmens. Errechnen Sie unterschiedliche Szenarien auf der Datenbasis ihrer Lohnbuchhaltung.

Sobald Sie mit dem Betriebsrat über einen Sozialplan diskutieren, versuchen Sie eine Budget-Obergrenze festzulegen, in der Sie sich in den weiteren Verhandlungen bewegen können. Ohne eine Limitierung werden Ihnen die Kosten und die Zeit aus dem Ruder laufen, da sich erfahrungsgemäß die inhaltlichen Wünsche sehr schnell potenzieren werden. Innerhalb eines vereinbarten finanziellen Rahmens sind Musterrechnungen mit Verteilungsschlüsseln in jeglicher Form möglich, die dem Betriebsrat letztendlich gefallen. Ihnen kommt es primär auf die Einhaltung des vereinbarten Budgets an. Finden Sie Einigkeit gegenüber der Belegschaft.

Neben einem ausgeklügelten Sozialplan ist zusätzlich ein notwendiger und sehr aufwendiger Sozialvergleich zwischen den Beschäftigten enorm schwierig, aber extrem wichtig, um eine Basis für die anstehenden richtigen Entlassungen zu schaffen. Am besten bilden Sie Vergleichsgruppen mit Einbeziehung des Betriebsrates. Stellenbeschreibungen geben leider nicht das wider, was ein Mitarbeiter wirklich kann und mit wem dieser wiederum vergleichbar wäre. Recherchieren Sie sorgfältig und begründen Sie jede Entscheidung mit Bedacht. Ansonsten verlieren Sie vor dem Arbeitsrichter einen teuren Arbeitsgerichtsprozess nach dem anderen und verfügen nach unsicheren Gerichtsprozessen nach Jahren immer noch über die gleiche Personalstärke. Ein Arbeitnehmer gewinnt immer dann, wenn er eine größere Schutzwürdigkeit gegenüber dem verbliebenen Mitarbeiter nachweisen kann. Die Erarbeitung ist also sehr mühselig, aber große Fehler können ohne ausreichende Kapitaldecke schnell in die Insolvenz führen.

Für den Mitarbeiter kostet der Rechtsstreit oftmals keinen Cent. Entweder zahlt die Gewerkschaft den Rechtsbeistand oder der Mitarbeiter verfügt über eine Rechtsschutzversicherung. Der Arbeitgeber hat kaum eine Chance. Er müsste Beweise sammeln und diese vor Gericht vortragen. Das wäre wiederum mit erheblichem Zeitaufwand sowie internen Kosten verbunden. Also zahlt der Arbeitgeber meist immer zähneknirschend über einen Vergleich eine entsprechende Abfindung.

Arbeitshilfe:

Erarbeiten Sie möglichst jeden einzelnen Punkt und notieren Sie sich Ihre daraus resultierenden Aktivitäten.

Viele Unternehmen kommen bei ersten Erfolgen zurück in den alten Trott der Vergangenheit und scheitern.

19   Vorsicht - akute Rückfallgefahr

Ist das Sanierungskonzept inhaltlich stimmig und sind Belegschaft plus Betriebsrat von der Turnaround-Strategie überzeugt, so kann die Umsetzungsphase beginnen. Diese zieht sich erfahrungsgemäß - je nach Branche und Betriebsgröße - über einen Zeitraum von mindestens zwei bis fünf Jahre.

Die Anfangszeit wird bei vielen Mitarbeitern durch starke Ängste geprägt sein. Die Unsicherheit und Gefahr eines Jobverlustes (Existenzangst) treibt die einen zur Hochform an und bringt andere eher in einen Lähmungszustand, um bloß nichts falsch zu machen und ebenfalls gekündigt zu werden.

Greifen die ersten Turnaround-Prozesse und zeichnen sich die ersten nachhaltigen Erfolge ab, so empfinden Ihre Mitarbeiter Erleichterung und schöpfen nach und nach Hoffnung. Jedoch Vorsicht vor zu früher Euphorie! Immer wiederkehrende Mitarbeiterversammlungen des Managements sind im gesamten Sanierungsprozess von hoher Wichtigkeit. Vergessen Sie niemals immer wieder zu motivieren. Motivation, Motivation, Motivation!

Nach der Konsolidierungs- und Umsetzungsphase beginnt mit Etablierung der neuen Strukturen und Anpassungen in der Produkt- und Leistungsausrichtung die eigentliche Wachstumsphase. Dieser Übergang ist kritisch. Einerseits wiegen sich die Mitarbeiter mehr und mehr in Sicherheit und andererseits erwarten die Gläubiger eine Realisierung der groß angekündigten Wachstumsstory gemäß Sanierungsplan.

Daher ist ein regelmäßiges Controlling der Zahlen und der immer wieder aufkeimenden Probleme enorm wichtig, um sofort zu reagieren und konsequent im Sinne des übergeordneten Ziels zu handeln.

Vergessen Sie vor allem Ihre Kunden nicht. Viele Unternehmen sind dermaßen mit sich selbst beschäftigt, dass sie Ihre Erlösquellen vernachlässigen und nur noch auf den eigenen Turnaround-Prozess schauen.

Sanierungsprozesse sind alles andere als sicher. Sie arbeiten noch immer mit einem Großteil an Mitarbeitern, die das Unternehmen zuvor über Jahre in den Abgrund gefahren haben. Nur zu leicht sind stetige Rückfälle in die alten Verhaltensmuster und Prozesse zu erkennen, die umgehend mit aller Konsequenz immer wieder abgestellt werden müssen.

Für folgende Bereiche sollten Sie daher besser die Verantwortung in neue Hände legen. Und zwar in Hände von Mitarbeitern, denen Sie hohes Vertrauen schenken und sich bei Ihnen bewährt haben.

1. Neue Kunden und Märkte

2. Rückgewinnung verlorener Kunden

3. Ausschöpfung des Kerngeschäfts

4. Innovationen und Entwicklungen

5. Preis-Nutzen-Politik (Preissensibilität)

6. Optimierung weiterer Prozesse und Workflows

7. Kontinuierliche Einschätzung einzelner Marktsegmente

8. Rendite-Controlling

9. Kundenanforderungs- / Kundenzufriedenheitsanalyse

10. Export- und Online-Handelsstrategie

Installieren Sie dazu kleine Teams, um nicht möglicherweise gefärbten Einzelmeinungen alter Strukturen aufzusitzen.

Neu denken muss allen Teammitgliedern ohne Wertung erlaubt sein. Erst im Anschluss erfolgt eine Analyse der Machbar- und Sinnhaftigkeit unter Renditegesichtspunkten.

Organisieren Sie Ihre Teams so, dass diese die gleichen Themen voneinander getrennt behandeln und führen Sie beide Ergebnisse in einem Workshop zusammen. Das bringt Ihnen noch mehr an qualitativem Output.

Arbeitshilfe:

Wie und wodurch möchte ich meine Mitarbeiter dauerhaft motivieren?

Welcher Mitarbeiter soll welche Bereiche beleuchten bzw. verantworten?

Wie kann ich eine Umsetzung sicherstellen?

Bleiben Sie kooperativen Mitarbeitern gegenüber immer menschlich. Diese werden es Ihnen durch Loyalität danken.

20 Das eigene Verhalten dauerhaft reflektieren

Personalabbau 5 vor 12 zeigt einen Ausschnitt an Möglichkeiten des überaus breiten Spektrums des Turnaround-Managements.

An dieser Stelle möchte ich Ihnen noch ein paar wichtige Aspekte mit auf den Weg geben:

1. Bleiben Sie bei sich und handeln Sie aus Ihrer Überzeugung heraus. Nur so wirken Sie gegenüber Ihrer Belegschaft authentisch.

2. Sichern Sie sich juristisch rechtlich ab, um Haftungsrisiken für Sie ausschließen zu können. Nutzen Sie dazu Fachanwälte mit Erfahrung.

3. Bleiben Sie immer fokussiert und vermeiden Sie neue Baustellen, die nicht der Erreichung des übergeordneten Ziels entsprechen, sondern weitere Energie kosten.

4. Achten Sie feinfühlig auf das gesamte Management und Ihre Belegschaft. Haben Sie ein schlechtes Bauchgefühl, handeln Sie, um ausschließlich Menschen um sich zu haben, die 1.000%ig hinter Ihnen stehen.

5. Treffen Sie notwendige Entscheidungen. Auch wenn diese hart, einschneidend und unbeliebt sind. Es geht am Ende um den Erhalt der Firma und um die Sicherung von Arbeitsplätzen.

6. Lassen Sie sich nichts vorgaukeln. Akzeptieren Sie keine Ausreden, sondern ausschließlich Fakten. Ihre Gläubiger messen Sie ebenfalls hart an bestehenden Vereinbarungen.

7. Achten Sie auf mögliche Mobbingattacken aus alten Strukturen gegenüber ausgeschlossenen und neu installierten Verantwortlichen.

8. Schaffen Sie in allen Phasen des Sanierungsprozesses Vertrauen und Glaubwürdigkeit. Feiern Sie Erfolge und gehen Sie mit Misserfolgen offen um. Ihre Belegschaft wird Ihnen ebenfalls mit

Vertrauen begegnen und Ihre Offenheit mit Hilfsbereitschaft und hohem Engagement danken.

Ergebnissteigerung durch intrinsische Motivation von Mitarbeitern und Veränderungen von Gewohnheiten.

Menschen setzen sich hohe Ziele, Unternehmen auch. Meist stellt sich innerhalb kürzester Zeit bereits während der ersten Umsetzungsphase Demotivation und Frust ein. Das Ziel war zu hoch gesteckt, der Zeitrahmen zu eng definiert. Druck entsteht, die Motivation geht verloren. Wir kennen dieses Phänomen nur allzu gut an der Nichterreichung von Zielen bei unseren alljährlich zu Silvester wiederkehrenden "neuen Vorsätzen" für das folgende Jahr.

Gleiches gilt bei der Unternehmensführung. Anstatt dauerhafte und im Tagesgeschäft begleitende Verbesserungsprozesse zu initiieren, werden große Projekte mit klanghaften Namen und hohen Budgets umgesetzt. Bei Maßnahmen mit Personalveränderungsbedarf muss sogar der Betriebsrat eingeschaltet werden.

Warum? Probleme entstehen in der Regel nicht von heute auf morgen. Sie wachsen von Tag zu Tag. Je mehr Zeit ohne zu handeln vergeht, je gewaltiger wird die Lawine auf uns zurollen, bis in letzter Minute einschneidende Sanierungsmaßnahmen zwingend notwendig werden oder eine Insolvenz nicht mehr abgewendet werden kann.

Strukturen, Prozesse, Produkte und Leistungen, das Know-how der Belegschaft und der Markt haben immer nur eine begrenzte Haltbarkeitsdauer, wenn nicht dauerhaft auf den Erhalt der eigenen Marktfähigkeit von selbst geachtet wird. Märkte verändern sich nun einmal permanent und Ihre Kunden fühlen sich in der heutigen digitalen und transparenten Zeit weit weniger mit Ihrem Unternehmen verbunden, als Sie denken. Es sei denn, Sie sind Nischenanbieter und beherrschen die Klaviatur des Kundennutzens. Das nächste Angebot ist für Kunden aus vielen Branchen nur einen Mausklick entfernt.

Gegenüber Ihren Mitarbeiter können Sie dies wunderbar am Beispiel eines Eiswürfels erklären. Bei einer Temperatur von minus 18 Grad bis 0 Grad merken mit bloßem Auge keine äußere Veränderung. Das Eis wird zwar weicher, aber Sie werden es nicht bemerken. Wird es immer wärmer, so beginnt ein langsamer Zersetzungsprozess bis zur völligen Auflösung. Sinnbildlich übertragbar wäre dieses Beispiel auf eine endgültige Unternehmensinsolvenz.

Ein kurzes Beispiel für Ihr mögliches Handeln im privaten Leben. Kühlschränke sind heutzutage mit Temperatur-Warnsystemen (Controlling) ausgestattet, welches dauerhaft eingeschaltet ist. Sollte das System Sie warnen, würden Sie umgehend aktiv werden (Ergreifen von Maßnahmen). Sie würden den Elektriker zur Reparatur (Umstrukturierung) Ihres Gefrierfaches rufen und den Eiswürfel vorübergehenden zur Schadensbegrenzung in das Tiefkühlfach des Nachbarn auslagern (Outsourcing bei mangelnden Kapazitäten). Zur Behebung einer unkomplizierten Reparatur - wie beim Tausch einer einfachen Sicherung - können Sie diese selbst (eigenes Management) erneuern. Bei komplizierteren Instandsetzungen setzen Sie auf einen Meister des Handwerks (Turnaround Manager) und wenn Sie selbst keine Zeit für die Reparatur finden, so beauftragen Sie vielleicht Ihren Freund (Interimsmanager zur Umsetzung von Sanierungsprozessen oder auch Konditionsverhandlung von Verträgen). All das würden Sie für einen Eiswürfel tun.

Herausforderungen können meist immer mit geringen Aufwänden gelöst werden, wenn Probleme bereits im Entstehen beachtet (Führungskompetenz) und abgestellt werden.

Wie können Sie dieses Prinzip im eigenen Unternehmen anwenden?

Beauftragen Sie Ihre zweite Führungsebene, sich jeweils für nur eine Stunde pro Woche mit Verbesserungsprozessen zu beschäftigen. Sie sollen nach und nach im Rahmen ihrer Kompetenz jeden einzelnen Baustein auf seine Einzelteile prüfen, bewerten, mit Ihnen im wöchentlichen Jourfix besprechen und anschließend wieder zusammenfügen. Das Spektrum und Potenzial ist in jeder Abteilung groß. Ob Workflowoptimierung, Bewertung von Produktnutzen, bessere Ausschöpfung des Kerngeschäftes, usw.. Ziehen wir von den möglichen Kapazitäten Urlaub sowie weitere Ausfalltage ab, so erhalten Sie pro Führungskraft mindestens 40 Verbesserungsvorschläge.

Schenken Sie darüber hinaus dem Risikocontrolling pro Abteilung eine hohe Aufmerksamkeit. Führen Sie, wenn nicht bereits vorhanden, ein Management-Cockpit ein, auf dem Sie über ein Ampelsystem sofort erkennen, wo Handlungsbedarf besteht. Durch ein derartiges Instrument, das bis auf die Abteilungsebene aufgebrochen wird, können Sie schnell erkennen, wer wirklich seinen Job im Griff hat.

Sie sehen, dass auch kleine sukzessive Veränderungen von Gewohnheiten eine ganz erheblich positive Auswirkung haben. Über weite Strecken macht sich eine Kursabweichung immer bemerkbar, wenn diese nicht korrigiert wird. Dies gilt selbstverständlich und leider auch für negative Entwicklungen. Segeln Sie von Europa über den Atlantik nach Nordamerika, so kommen Sie bei wenigen Grad Abweichung entweder in Kanada oder in Südamerika an. Aber definitiv nicht dort, wo Sie eigentlich hin wollen. Für die Richtung ist der Kapitän (CEO) zuständig, der seine Mannschaft (Belegschaft) entsprechend anweist, aber sich nicht im Detail verliert und im Maschinenraum die Ölstände prüft.

Wenn der Input der Geschäftsführung gegenüber der Führungskräfte sowie Belegschaft stimmt, so regelt sich der positive Output von selbst.

Senken Sie somit nicht Ihre übergeordneten Unternehmensziele, sondern ändern Sie die heutigen Gewohnheiten im Unternehmen und die sich daraus entwickelten Systemstrukturen. Bereits leichte Veränderungen können zum exponentiellen Wachstum beitragen. Global verfolgen viele Länder dieser Erde durchaus sinnvolle Ziele, erreichen diese aber nicht, weil das Gesamtsystem dazu schlicht und einfach nicht passt.

Achten Sie darauf, dass Mitarbeiter nach Veränderungsprozessen von ihrem neuen Handeln überzeugt sind. Sie müssen sich damit identifizieren. Ohne Einsicht werden neue Gewohnheiten wieder schnell aus den Augen verloren und Ihr Unternehmen befindet sich im alten Trott. Genau daran scheitern bereits nach kurzer Zeit anfänglich einsetzenden Turnaround-Erfolge. Die Gruppenidentität muss sorgfältig aufgebrochen, um Identitätskonflikte zu vermeiden. Neue Gewohnheiten müssen also aus Überzeugung Teil der neuen Identität werden. Dies nennt man intrinsische Motivation. Lassen Sie Mitarbeiter stolz auf das sein, was Sie durch eine geänderte Gewohnheit im Unternehmen tun. Durch ein regelmäßiges und ehrliches Lob ist meist schon viel erreicht. Durch den Veränderungswillen von Gewohnheiten kann ein Unternehmen relativ schnell aus der Problem- in eine Lösungsphase übergehen.

Haben Sie schon über eine sinnvolle Schaffung von Belohnungssystemen, wenn nicht vorhanden, nachgedacht?

Spart das Unternehmen Kosten durch veränderte Gewohnheiten der Belegschaft ein, so können beispielsweise einzelne Abteilungen oder Teams bonifiziert werden. Eine Gruppendynamik entsteht. Hierzu müssen keine umfassenden Bonussysteme eingeführt werden. Ein Essensgutschein für das beste Team beim Lieblingsitaliener um die Ecke ist ebenso zielführend und steigert den Zusammenhalt als auch die Identifizierung mit dem Unternehmen.

Das etablierte Gewohnheitsprinzip von Menschen läuft immer in einer Feedbackschleife ab. Der Auslösereiz weckt ein Verlangen, dies motiviert zu einer ergebnisführenden Reaktion und hat eine Belohnung zur Folge.

Auf dieser Grundlage funktionieren Programme der Kundenbindung. Aufsuchen eines bestimmten Händlers (Auslösereiz), Punkte sammeln (Verlangen), einkaufen (Reaktion) und Punkte einlösen (Belohnung). So entstehen automatisierte und sich ständig wiederholende Gewohnheitsschleifen.

Wenn Sie Gewohnheiten bewusst und effektiv verändern wollen, so erhöhen Sie die visuelle Sichtbarkeit der Auslösereize! Wenn

Auslösereize offensichtlich erkennbar sind, werden diese bewusster wahrgenommen. Führt der Mitarbeiter beispielsweise eine Aktivitäten-Checkliste und platziert sich diese gut sichtbar auf seinen Schreibtisch, so wird er offensichtlich keine wichtigen Aktivitäten oder notwendige Verhaltensveränderungen vergessen.

Schnelle Verhaltensveränderungen erreichen Sie, wenn neue Gewohnheiten für den Menschen durch seine eigene Wahrnehmung eines bestehenden Problems möglichst attraktiv, einfach und befriedigend umsetzbar sind.

Auf dieser Basis sollte je nach Art der Gewohnheit ein nachvollziehbares und bewusstes Veränderungskonzept der Gewohnheiten erarbeitet werden. Somit wissen Sie, wann und wo welches neue Verhalten ausgeführt wird. Binden Sie oder Ihre Führungskräfte diesen neuen Prozess in regelmäßige Orientierungs- und Fördergespräche mit Ihren Mitarbeitern ein.

Stellen Sie im direkten Arbeitsumfeld einige Prozesse, die Sie vermeiden möchten, um. Je größer der Aufwand, Gewohnheiten nachzugehen, je unwahrscheinlicher ist die Ausführung der Gewohnheit. Das bedeutet, wenn Sie dass Umfeld für schlechte Gewohnheiten verschlechtern und das Umfeld für neu anzutrainierende gewünschte Gewohnheiten verbessern, so stellen sich alte Handlungsmuster sehr schnell ab.

Die wichtigsten Handlungen sollten am einfachsten auszuführen sein.

Beginnen Sie mit den ersten Schritten und handeln Sie. Eine pragmatische Umsetzung, auch wenn diese anfangs holprig erscheinen mag, ist besser als Theoretisches lamentieren. Auch wenn aller Anfang schwer ist. Wenn Sie an der Macht der Gewohnheiten, den Systemveränderungen und der Mitarbeitermotivation arbeiten, stellen sich mit der Zeit zwangsläufig Ergebnisverbesserungen ein.

Arbeitshilfe:

Welche Impulse möchte ich umsetzen?

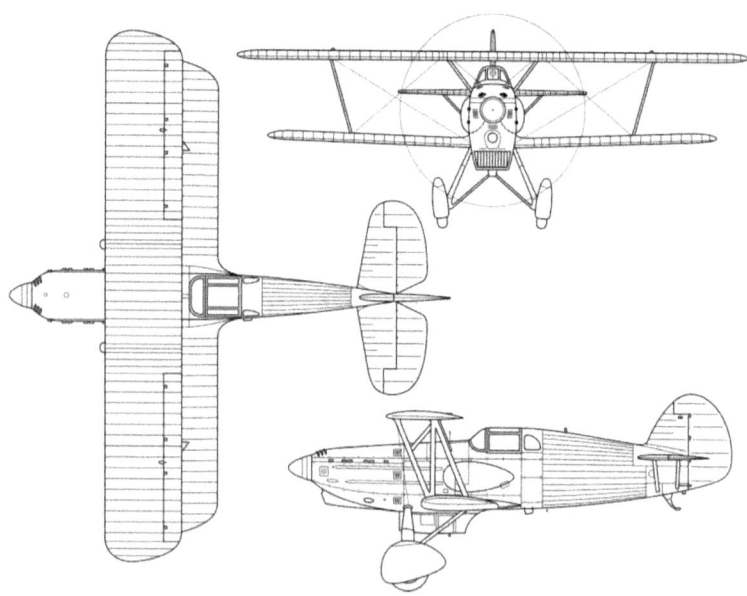

Selbstreflexion lenkt den Blick auf das absolut Wesentliche.

22   Der Autor als Unternehmer und Sanierer

Carsten Oppelt erläutert aus Sicht eines Unternehmers mit über 25 Jahren Managementerfahrung und Personalverantwortung die Tipps und Tricks von Arbeitgebern im strategischen Abbau von Mitarbeitern in Turnaround-Prozessen sowie effektive, schnell sichtbare Sanierungsmaßnahmen selbst.

Der Fachbuch-Autor verfügt über tief greifende fachliche Branchenexpertisen aus den Bereichen IT, Bankwesen, Zahlungsverkehr, Touristik, Gastronomie und Hotellerie.

Er führte als Geschäftsführer eigene Gesellschaften von der Gründung bis zum Exit. Neben seinen strategischen Geschicken und einem breit aufgestellten Netzwerk zählen zu seinen weiteren Kompetenzen die Umstrukturierung von Unternehmensbereichen, die Führung und Organisation von Vertriebseinheiten im Innen- und Außendienst, Marketing, Öffentlichkeitsarbeit sowie Produktmanagement.

Zu seinem Steckenpferd entwickelte sich in den letzten Jahren die strategische Beratung von Arbeitnehmern und Arbeitgebern, die sich in schwierigen Arbeitsverhältnissen befinden.

Carsten Oppelt führt im Auftrag von Unternehmen effektive Kündigungs- und Trennungsgespräche mit betroffenen Arbeitnehmern und versucht Kündigungsschutzklagen zu vermeiden.

In diesem Kontext kooperiert der Autor mit diversen Anwaltskanzleien. Er erteilt jedoch keinen juristischen oder steuerlichen Rat, sondern entwickelt mit seinen Auftraggebern tragfähige Strategien, um in Folge Sanierungsprozesse so gut wie möglich umsetzen und mit den Unternehmen abschließend gestärkt in eine erfolgreiche Zukunft durchstarten oder in eine geordnete Geschäftsaufgabe übergehen zu können.

Bevor betriebsbedingte Entlassungen geplant werden, verhandelt Carsten Oppelt mit Dienstleistern und Lieferanten, um sofortige

Kostenpotenziale heben und eine Ergebnisverbesserung erreichen zu können.

In diesem Kontext werden die Privilegien der gesamten Belegschaft auf den Prüfstand gestellt und in der Sondersituation des Unternehmens auf ein sinnvolles Maß reduziert.

Das ergänzende Fachbuch "Kündigung! Klage? Existenzsicherung!" zeigt den praktischen Ablauf von Kündigungsschutzverfahren, Zermürbungstaktiken sowie wichtige Aspekte, die für Arbeitgeber und Arbeitnehmer bei ausgesprochenen Kündigungen enorm hilfreich sein können.

Ich wünsche Ihnen viel Erfolg.

Kontakt

www.wikipayment.org

Ergänzende Buchempfehlung

Kündigung Frontal

Arbeitgeberstrategien erkennen und auf
Zermürbungstaktiken optimal reagieren.

Inhaltliche Buchvorschau:

Wie lange läuft ein Kündigungsschutzverfahren in der Praxis? Welche
Hürden sind zu nehmen? Was ist existenziell zwingend zu beachten,
um finanziell nicht auszubluten? Hautnahe Praxis anstatt juristische
Theorie! Mit Ergänzung von "Kündigung! Klage? Existenzsicherung!"
können gerichtliche und außergerichtliche Auseinandersetzungen
gewinnbringend beigelegt werden.

Der Leser erlernt mit emotionalen Angriffen optimal umgehen zu
können. Das Buch zeigt die üblichen Phasen vor, bei und nach einer
Kündigung mit all ihren emotionalen und taktischen Angriffen auf und
gibt wertvolle Handlungsempfehlungen aus der Praxis wider. Der
Ratgeber erspart dem Leser viele böse, emotionale und existenzielle
Überraschungen.

Der Autor gibt u. a. Expertenhinweise zur Anwaltswahl, zu
anstehenden organisatorischen Aktivitäten und erläutert emotionale
Strategien im Umgang mit Zermürbungstaktiken.

"Kündigung! Klage? Existenzsicherung" zeigt auch in diesem
Zusammenhang Konsequenzen sowie mögliche Lösungen auf. Dies
schafft Klarheit und vermeidet existenzielle Fehler durch Halbwissen.

Neben wichtigen rechtlichen Basisinformationen steht vor allem das
emotionale Überleben während einer Auseinandersetzung mit dem
Arbeitgeber im Mittelpunkt. Denn jeder Arbeitsgerichtsprozess hat

einmal ein Ende. Die finanziellen, emotionalen, psychischen und familiären Kollateralschäden wirken sich jedoch meist nachhaltig aus.

Unsicherheit, Angst und Zweifel zerreiben die Seele. Schlaflose Nächte, Übermüdung und Gereiztheit bringen erhebliche Anspannungen in die Familie. Der ungewisse Ausgang sowie die zeitliche Inanspruchnahme des gesamten Verfahrens mit all ihren existenziellen Folgen zermürben viele bis zur Selbstaufgabe. Dies gilt es jedoch auf jeden Fall zu vermeiden. Dazu bedarf es einer persönlichen Strategie für den täglichen Umgang mit sich selbst plus Ergänzung einer additiven professionellen Rechtsberatung.

Carsten Oppelt verrät als Unternehmer und Fachjournalist (DFJV) Kniffe und Tricks aus seiner jahrzehntelangen strategischen Arbeitgebererfahrung, die in dieser Art weder im Internet noch in Rechtsratgebern zu finden sind. Aus seinen Managementerfahrungen als Geschäftsführer, Mitglied der Geschäftsleitung und Inhaber diverser Start-up-Unternehmen verfügt der Autor in Sachen Personalauf- und -abbau, Umgang mit Ermahnungen, Abmahnungen, Kündigungen, Vergleichen und Kündigungsschutzprozessen sowie unzähligen beigesessenen Arbeitsgerichtsverfahren von Betroffenen über einen immensen Erfahrungsschatz, wie Arbeitgeber mit Arbeitnehmern taktisch und zermürbend umgehen und was hinter den Kulissen passiert. Kündigung Frontal ist ebenfalls steuerlich als Fachbuch absetzbar. Sicherheit zum Nachschlagen für kleines Geld.

1. Neuauflage

Kennzeichnung: "P.01-25

Personalabbau 5 vor 12 stellt keine Handlungsempfehlung und keine Rechtsberatung dar. Jeder Rechtsfall ist unterschiedlich gelagert. Es wird dringend empfohlen, dass sich Arbeitnehmer und Arbeitgeber von entsprechenden Institutionen rechtlich beraten lassen.

Personalabbau 5 vor 12 dient Lesern als taktische Begleitinformation und ersetzt weder die professionelle rechtliche, steuerliche und psychologische Beratung. Jegliche Haftung des Autors und Verlages bleibt ausgeschlossen.

Der Inhalt dieses Buches wurde vom Autor nach bestem Gewissen geprüft. Die juristische Haftung ist ausgeschlossen. Es wird nachdrücklich darauf verwiesen, dass alle Angaben in diesem Buch trotz sorgfältiger Bearbeitung ohne Gewähr erfolgen und eine Haftung des Autors oder des Verlages ausgeschlossen ist.

Der Ratgeber ist in männlicher Anredeform geschrieben, um den Umfang aller Anredeformen für eine bessere Lesbarkeit zu minimieren. Selbstverständlich möchte der Autor niemanden diskriminieren und spricht trotz männlicher Anrede weibliche und diverse Menschen an.

Hinweis: Dieses Buch wurde auf chlorfrei gebleichtem Papier gedruckt.

Bibliografische Information der Deutschen Nationalbibliothek: Die Deutsche Nationalbibliothek verzeichnet diese Publikation in der in der Deutschen Nationalbibliografie; detaillierte biografische Daten sind im Internet unter http://dnb.d-nb.de abrufbar.

Copyright © 2022 by Carsten Oppelt

17, rue du General de Gaulle, F-576350 Schoeneck

Lizenzfreie Bilder: pixabay

ISBN 979-873-002-4229